不知历史者，无以图未来

中国古代历史名人

从秘书到宰相

张廷玉

吴新华◎著

中国铁道出版社有限公司
CHINA RAILWAY PUBLISHING HOUSE CO., LTD.

图书在版编目（CIP）数据

从秘书到宰相：张廷玉 / 吴新华著 . — 北京：中国铁道出版社，2018.9（2021.9重印）
ISBN 978-7-113-24287-9

Ⅰ . ①从… Ⅱ . ①吴… Ⅲ . ①张廷玉（1672-1755）- 传记 Ⅳ . ① K827=49

中国版本图书馆 CIP 数据核字（2018）第 029592 号

书　　名：**从秘书到宰相：张廷玉**
作　　者：吴新华

责任编辑：刘建玮　　　　**电　　话**：（010）51873038
装帧设计：天下装帧设计　　**电子信箱**：liujw0827@163.com
责任印制：赵星辰

出版发行：中国铁道出版社有限公司　（100054，北京市西城区右安门西街 8 号）
印　　刷：三河市燕春印务有限公司
版　　次：2018 年 9 月第 1 版　2021 年 9 月第 2 次印刷
开　　本：710mm×1000mm　1/16　**印张**：13.5　**插页**：1　**字数**：215 千
书　　号：ISBN 978-7-113-24287-9
定　　价：46.00 元

序

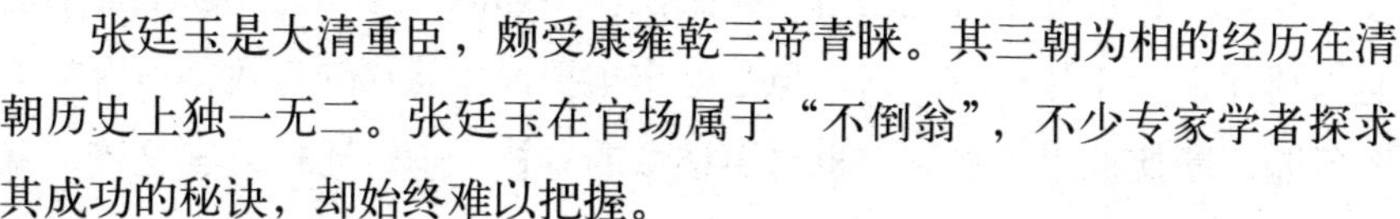

张廷玉是大清重臣，颇受康雍乾三帝青睐。其三朝为相的经历在清朝历史上独一无二。张廷玉在官场属于“不倒翁”，不少专家学者探求其成功的秘诀，却始终难以把握。

本人对张廷玉进行多年研究，觉得其成功的秘诀既平常又不平常。说平常，是因为他廉洁奉公、忠君爱国；说不平常，是因为他讲情商、智慧、心机。就是这样一位既平常又不平常的张大学士（宰相），经过五十年含辛茹苦的努力，为大清朝做出了不可磨灭的贡献，成为流芳百世的一代名相！

为官的最高准则就是忠君爱国。张廷玉对皇上忠心耿耿，想皇上之所想，急皇上之所急，但却绝不愚忠，而是协助皇上将国家治理得更好，这种忠君就是爱国的具体体现。他深信，只有皇上是明主，国家才会富强，百姓才会安居乐业。反过来，百姓安居乐业了，国家自会强大，君主与贤臣必将广受百姓的爱戴。

比如解决棚民问题，棚民对朝廷、官员有误解，张廷玉便明察暗访，化装成平民百姓去民间调研，终于掌握第一手资料，为下一步治理棚民做出了科学决策。

都说爱国与爱民是紧密相结合的，官员们只有爱民才会爱国，如果只爱国不爱民，一切都是空谈。张廷玉就是这样一位既爱民又爱国的政治家。我们现代人可以从张廷玉的爱国爱民精神中汲取到其崇高的品德情操，把工作向前推进！

为官的基础底线就是廉洁奉公。廉洁奉公，谁都知道，但是身居其位者是否能真正做到就不一定了。虽然经过十年寒窗苦读考取功名当官，但是要知道为官者拿的“俸禄”，吃的“皇粮”，都是来自老百姓。因此，为官者应把心思用在干事创业、为民谋利上，而不是挖空心思谋生财之道。

张廷玉为官一直清廉，他在大学士（宰相）位子上坐了数十年，有多少权贵、官员费尽心机巴结、贿赂他，却都徒劳无功。当然张廷玉也有人情往来，比如喝酒品茗，但是他牢牢把握住法律的底线，不受贿也不行贿，即使他生日那天，也将不该拿的寿礼一一退还！为官之道，就是站得正，行得直，就是克服人性的弱点，不贪财，不好色！当前同样期盼官员两袖清风、廉洁奉公。两袖清风、廉洁奉公是社会发展的风向标，更是我们伟大事业无往不胜的精髓！

为官之道就是选择正确路线。但是许多官员为了蝇头小利拉帮结派，这种伎俩最终会离光明的前程越来越远，根本不可能成大事。张廷玉初入官场，一些王爷、高官千方百计拉他入圈子，但是张廷玉没答应。他牢记父亲张英的嘱托，一心跟着皇帝走。这是张廷玉五十年官场风雨中不倒的法宝。当今的官员，不管你的官职有多高，权力有多大，资格有多老，只有一心一意跟着党走，才能立于不败之地。路线的选择对每个人至关重要，只有选择了正确的道路，才能到达成功的彼岸。

为官之道，不仅要与上级、同级关系融洽，而且还要与下级、普通群众打成一片。张廷玉就是这样的人，与上级、同事关系不错，与下属、广大群众也谈得来，在方方面面的关系中处理得游刃有余。这样，他在事业上就会如鱼得水，事半功倍。

人际关系是门大学问，张廷玉面对各式各样的挑战，在困难面前从不低头，凭借他的智慧总能轻而易举地化解。比如他的东家——皇家某位王爷要多占点儿银粮，几位前任忍气吞声，李卫接手后便巧用了张廷玉提示的一条小小妙计，让对方乖乖地退还银粮。

张廷玉的心机是很重的，他作为康雍乾三世、配享太庙的唯一汉臣，处事的圆滑世故超乎人们的想象，这是远远超乎同时代人的高明之处，他的全身之道是建立在对凶险环境的清醒认识之中的。乾隆皇帝抄张家时，在他的书籍、信件、诗词中，查遍一番竟然没有发现只言片语的违禁之处。张廷玉的高情商也是现代人学习追求的宝贵财富，无论何时何地，能够正确地将千头万绪的关系梳理得有条不紊，能够战胜各种挑战和困难……张廷玉就这样凭借高超的人生智慧、心机应对复杂凶险的人心，不得不令现代人钦服！

为官的重点是价值观的取向。在张廷玉眼里，忠君爱民是天道，即为朝廷、国家、皇上以及天下苍生谋福祉，视名利钱财至为微贱，这就超越了人性的弱点，是价值观的升华。这就是张廷玉与万千官僚的巨大差别。这种价值观与现代人的奉献精神如出一辙。人生在世，主要目的就是实现自身价值。这个价值观的衡量标准绝不是物质生活的提高，而是为国家、社会、老百姓奉献了多少！张廷玉的人生观、价值观也值得现代人学习。

三百多年前，张廷玉在尔虞我诈、钩心斗角的大清官场中，虽然有追求作为，但还是受到限制。比如说君主的残暴以及同僚之类的人性险恶。张廷玉超越了这些局限，施展才华，有功于朝廷君主，造福于一方黎民。他的操守和行为以及处世的艺术、蕴含的智慧，在那个时代是做官的最高境界，也是为人的最高境界。这也给我们为人处世以有益的启示！

在波澜壮阔的新时代，唯有奋斗留下深深的烙印，唯有奋斗永葆青春的朝气，唯有奋斗才会收获别样的幸福。因此不管在何时何地，都别撂下了奋斗。我在千年古运河畔祝你在人生的康庄大道上收获别样的幸福！

吴新华

2018 年 2 月 14 日于杭州塘栖

张廷玉生平大事记

康熙十一年（1672 年）九月初九日，张廷玉生于京师。

康熙三十六年 (1697 年)，二十六岁的张廷玉准备参加会试，但因其父张英奉命为总裁官而回避不试。

康熙三十八年 (1699 年)，张廷玉的夫人姚氏离世，父亲张英登上相位。

康熙三十九年 (1700 年)，考中进士，授为翰林院庶吉士。

康熙四十二年 (1703 年)，授翰林院检讨。

康熙四十三年 (1704 年) 四月，入值南书房。

康熙四十四年 (1705 年) 后，多次随康熙皇帝南巡及巡行蒙古诸部。

康熙四十七年 (1708 年) 六月，张廷玉母亲姚氏离世。同年九月，父亲张英离世。

康熙五十五年 (1716 年)，授内阁学士兼礼部侍郎。

康熙五十六年 (1717 年) 十二月，充经筵讲官。

康熙五十七年 (1718 年) 十月，充武英殿试读卷官。

康熙五十九年 (1720 年) 五月，授刑部左侍郎。

康熙六十一年 (1722 年) 十一月，康熙皇帝驾崩于畅春园。皇四子胤禛入承大统，慎选张廷玉为辅佐其筹划军国大政的主要助手，特旨授礼部尚书。由此跻身枢臣之列。

雍正元年 (1723 年)，张廷玉复值南书房，与朱轼等人同为诸皇子师傅。四月，任顺天府乡试主考官，不久又兼任吏部尚书。

雍正七年 (1729 年)，雍正皇帝在隆宗门开设军机处，命张廷玉与怡亲王胤祥、蒋廷锡领其事。

雍正十三年 (1735 年)，雍正皇帝病危，临终前，张廷玉与庄亲王允禄、大学士鄂尔泰等同为顾命大臣，遗诏他日以张廷玉配享太庙。乾隆皇帝即位后，奉大行皇帝遗命，由庄亲王允禄、果亲王允礼、大学士鄂尔泰、张廷玉辅政。

乾隆元年 (1736 年)，张廷玉再次奉命为皇子师，仍兼管翰林院事。兼任编纂《清圣祖实录》《明史》《大清会典》《皇清文颖》《清世宗实录》《玉碟》等重要典籍的总裁官 。

乾隆二年 (1737 年) 十一月，张廷玉手书授总理事务大臣，加拜他喇布勒哈番，特命进三等伯爵，赐号勤宜。

乾隆十三年 (1748 年) 正月，张廷玉陈疏以老病乞休。

乾隆十五年 (1750 年)，皇长子永璜刚去世不久，张廷玉再次请求归乡，激怒乾隆皇帝，于是命以太庙配享诸臣名示张廷玉，命其自审应否配享。乾隆帝用大学士九卿议，罢配享，免治罪。

乾隆二十年 (1755 年)，卒于家中，享年八十四岁，葬于龙眠山。乾隆皇帝最终仍遵清世宗遗诏，命其配享太庙。

书中主要官名注释

铁帽子王：清朝皇族中世袭原封爵位的亲王，即“世袭罔替”，一共是十二家，礼亲王、郑亲王、睿亲王、豫亲王、肃亲王、庄亲王、克勤郡王、顺承郡王、怡亲王（从胤祥开始）、恭亲王、醇亲王、庆亲王。

后妃：清代后妃排名是，皇后一人，居中宫，皇贵妃（即副后）一人，贵妃二人，妃四人，嫔（乌雅氏是德嫔时生雍正）六人，贵人、常在、答应人数无限制。

军机大臣：雍正七年设军机房，八年改名军机处，设有军机大臣，正式的称呼是“军机处大臣上行走”“军机处大臣上学习行走”，统称“办理军机大臣”，简称军机大臣，领班军机大臣后成为事实上的首辅。

大学士：康熙恢复内阁，设大学士等职，大学士仍冠以殿阁之名。清初有四殿（中和殿、保和殿、文华殿、武英殿）二阁（文渊阁、东阁），乾隆时去掉中和殿，增设体仁阁，为三殿三阁。

抚远大将军：大将军是战时最高军事统帅，由皇帝特派，专事征伐，战争结束撤销。除抚远大将军外，清代大将军还有奉命大将军、定国大将军、扬武大将军、定边大将军、宁远大将军、靖远大将军等，一些封号只授予过一人。

理藩院尚书：理藩院负责西北等地民族事务，兼办对俄罗斯外交，体制和六部相同，由理藩院尚书统管，乾隆设管理院务大臣，由大学士兼任。

领侍卫内大臣：禁旅八旗中侍卫皇室的亲军，从上三旗中挑选，以勋戚大臣统领，称领侍卫内大臣，下设内大臣、散秩大臣、一等侍卫、二等侍卫、三等侍卫等。

总督：清代正式确立为地方最高长官，通常统掌若干省区文武、军民，总理军政，直隶总督被称“疆臣之首”，另有漕运总督、河道总督等管理特定事务的总督。

巡抚：清代正式确立为省级地方政府长官，总揽一省军政。

八旗都统：分别执掌满、蒙、汉八旗，为一旗的最高长官，既负责军务，也负责民事。

步军统领（九门提督）：全称“提督九门巡捕五营步军统领”，统帅八旗的步军营和绿营的巡捕五营（雍正时是三营），掌管京师正阳、崇文、宣武、安定、德胜、东直、西直、朝阳、阜成等九个城门内外的守卫巡警等事务，并负责巡逻稽查外城和京郊等地。

庶吉士：是由通过科举考试中进士的人当中选择有潜质者担任，为皇帝近臣，负责起草诏书，有为皇帝讲解经籍等责。庶吉士一般为期三年，期间由翰林内经验丰富者为教习，授以各种知识。三年后，在下次会试前进行考核，称“散馆”。成绩优异者留任翰林，授编修或检讨，正式成为翰林，称“留馆”。其他则被派往六部任主事、御史；亦有派到各地方任官。

太医院院使：太医院掌医药卫生，主要为宫廷服务，通常由院使执掌，下面有左右院判，乾隆时曾设立管理院事王大臣做太医院最高长官。

御前侍卫：乾清门内的内廷侍卫包括御前侍卫、御前行走、乾清门侍卫、乾清门行走等，由御前大臣统领。

笔帖式：清代各中央机构所特有，最初因满、蒙、汉文一同使用而设，职微但人数众多，专管笔札、收发，多由满人担任，升迁很快，被称为“八旗出身之路”。

目 录

第一章　精彩的成长史

与死神擦肩而过

我们先从一份档案说起。

姓 名：张廷玉　　血 型：未知
外 号：老狐狸　　学 历：进士、翰林院庶吉士
性 别：男　　职 业：当官
民 族：汉　　家庭出身：官二代
生卒年：1672—1755 年
最喜欢的颜色：紫色（红得发紫的那种紫）
父 母：父亲，张英，文华殿大学士兼礼部尚书
　　母亲，姚氏，家庭妇女
座右铭：摆正位置，跟对领导
主要经历：
1672—1682 年，游玩；
1682—1698 年，学习；
1698—1750 年，为官从政；
1750—1755 年，退休在家。

一切的事情，都要从大清康熙十一年（1672 年）的那个早晨开始。那天，庶吉士张英的妻子姚氏生下了一个男婴，而这个男婴就是后来鼎

鼎大名的张廷玉。

但凡大人物出世，史书上都会有一些怪象记载，比如天上星星闪啊，到处发红光、冒香气啊，刮风下雨啊！反正告诉你，这个人与别人不一样。张廷玉也不例外，他出生时，正下着冰雹。冰雹大如鹅卵石，传说还砸死了五人，砸伤了数十人。

张廷玉是张英次子。张英抚养这个孩子相当有信心，大儿子就是成功的案例。家里要房有房，要衣有衣，要肉有肉。张廷玉生长在这个富裕的家庭中，然而他的童年却并不开心，而且相当痛苦，可以说没有人比他更接近死亡。

张廷玉两周岁那年，有一次出远门，奶妈抱着张廷玉坐上马车后，过了一会，奶妈感觉不对，手里怎么这么轻？原来，张廷玉早已摔落车下。当奶妈将可怜的张廷玉捡起来时，小家伙已经休克了。奶妈大声叫唤，张廷玉也没能醒过来。他，第一天没醒，第二天没醒，第三天也还是没醒。郎中认为张廷玉没救了。后来在家人请人打造了小棺材，准备将他入殓之时，奇迹却突然出现了，张廷玉“哇”地一声尖叫，悠悠醒转，从鬼门关爬了回来。

童年的张廷玉喜欢玩儿，到处跑。春天放风筝，夏天抓知了，秋天抓青蛙，冬天堆雪人。那天，他与小伙伴爬到半山腰，突然，一匹灰狼挡在面前，大家惊慌跑路，可张廷玉却慢了半拍，被恶狼撵上，咬破了屁股。张廷玉摔倒在地，眼看即将成为恶狼丰富的晚餐，这时一位“强者”救了他。这位“强者”当然不是人，而是动物界的“大哥大”——老虎。恶狼见“虎大哥”扑面而来，不要说吃大餐了，自己也要成为别家的大餐，于是夺路而逃。张廷玉趁势滚了一圈，钻进石缝中，躲了起来。

接下来，张家人点着火把出来寻找，大家都觉得张廷玉肯定是没命了，可正当他们因寻不到人而准备回去之际，少年张廷玉却从石缝中一点儿一点儿地爬了出来。

还有一次，张廷玉随父亲张英出远门。走着走着，张英听到湖里传来“扑通”一声，转身一看儿子张廷玉消失了。张英断定引起响声的原因绝不是大鱼，而是自己的宝贝儿子。张英是一介文人，又不会游泳，看着儿子在水下冒泡泡，他相当焦急，于是赶紧喊人救命。等他带人拎着绳索回来时，湖面却如镜子一般平静。张英想，这次儿子真的是没救了。但是张英提出“死要见尸，活要见人”。正在人们大张旗鼓打捞时，一个孩子小跑了过来，此人就是张廷玉。原来，他早被一名渔夫救了起来。

幼小的张廷玉就这样三次死里逃生。张英感觉这个孩子难养，于是便限制了他出去的自由，还请来算命先生给他占了一卜。算命先生说：“此子大难不死，必有后福。”张英半信半疑，他不奢望这个活宝能封侯拜相，只要能安安全全地长大，续上香火就好。老江湖张英深深懂得这世上最宝贵的东西，不是地位，不是荣誉，也不是金钱，而是实实在在的性命！

接下来，张廷玉的童年就在那没有阳光、黑不溜秋的小木屋中度过了。每天总有人陪伴他，这些人不是老师，也不是小伙伴，而是看管他的佣人。张廷玉整天面对这些佣人，感觉不好玩。有一次，他看见父亲拿毛笔写字，感觉好玩，就开始玩练书法。张英抓住这个机会，请来教书先生，他坚信兴趣对学习非常重要。让人意想不到的是，他这次竟然误打误中了。

对十四岁的张廷玉来说，他的梦想不是当官，而是成为一名书法家，每天给人写字赚钱，多么的自由，多么的风光。当官是一张纸，做人是一辈子，而书法却可流芳百世。过几年后，自己就请路口的何老太说媒，娶上一位漂亮的姑娘做老婆，然而生个儿子，叫张小玉，在书法上超越自己，当个书法大家。

张廷玉读书不认真，但是练起毛笔字来却非常刻苦，三五年后，他的书法很有起色，在当地小有名气。许多人慕名前来切磋，有的人干脆讨、买字帖。漂亮的书法比漂亮的脸蛋儿重要，怪不得许多年以后，皇帝总是叫他写诏书。

一个人的成功必然经过磨难，就像传说中的凤凰一般，历经苦难，投入火中，千锤百炼，才能浴火重生，成为光芒万丈的神鸟！

张廷玉，继续努力吧，命运之神正等待着你！

退一步海阔天空

这一天，十六岁的张廷玉正在泼墨挥毫的兴头上时，张家总管捂着额头哭着跑了进来，头上淌落的鲜血比脸上流的泪水还快。张廷玉吃惊地问发生了什么事。张总管说："邻居吴家建房，侵占了咱们家三尺土地。我过去评理，他们竟然用砖头拍我啊！"

张廷玉怒不可遏，通知了全部家丁、佣人共十余人集合。他心想绝不能丢失祖上传下的一寸土地。张廷玉看一眼这支杂牌军，兵器种类比正规军还多，锄头、菜刀、烧火棒、剪刀……可当张廷玉带着队伍风风光光地来到吴家时，却马上傻眼了，只见吴家数十名家丁抄着清一色的大刀伫立在门前。年少、火气旺、又好面子的张廷玉此时有点儿后悔，但是世上从来没有后悔药，一旦自己带头逃之夭夭，以后还怎么服人？脸往那里搁？张廷玉看到对方挑衅的眼神，便怒吼一声："给我冲！"张家人目标很明确，冲过眼前这帮人，推倒那堵墙。

然而张廷玉往前跑了几步，却感觉不对，身后怎么这么安静啊？他回头一看，家丁、佣人正一动不动地注视着他。张廷玉相当勇敢，你们不冲，我冲。一出滑稽的场面出现了，他冲过去，被吴家人扔回来；他爬起来，再冲过去，又被扔了回来，周而复始。当张廷玉继续冲时，张总管看不下去了，他是张家的心腹，拉着张廷玉的手臂说："好汉不吃眼前亏，咱们走吧。"

于是，张廷玉"光荣"地打道回府。在当时那个弱肉强食的世界，书法有什么用，根本解决不了问题，身体的强壮、力量的强大太重要了，他真想去少林寺学几年拳脚，但是几年以后，吴家房子早建成了，说不定房子转手了，你还去找有什么用？

张廷玉是一位有恒心的人。第二天早晨，他带领手下人马（壮胆儿的）又过去，可是吴家的人却已守候多时，有些人正摩拳擦掌，见张廷玉过来，如快递员接单一样开心。张廷玉又开始冲刺，可以想象，他又被扔了出来。

张廷玉，你太年轻，今天又踩中了昨天的水坑。

张廷玉冲了几次，搞得鼻青脸肿，不要说挖墙脚，就连一块砖头也没有摸着。他向大家瞥了一眼，朝另一个地方奔去。张廷玉相信，这个地方必然能够找回自己的尊严。

这个地方就是我们熟悉的县衙。当张廷玉气喘吁吁地进入大堂，衙役说丁知县正生病在家。

丁知县是张家的常客。自从张家与吴家争执后，他知道张、吴两家都有人在京城作官，都是得罪不起的主儿。丁知县是芝麻官，但是鬼点子却如芝麻一样多，数也数不清。一直身体健康的丁知县做出了一个惊人决定，让自己生病。丁知县做事很认真，为使自己彻底成为病号，他按时定量吃泻药，三天后，丁知县达到了目的，病成了一位皮包骨头、弱不禁风的人。为了保住官位，丁知县确实不惜痛下本钱，连自己的小命也不顾了。

这时，面对三尺土地，张廷玉想到了一个人，只有这个人才能帮上忙。此人就是自己的父亲张英，朝中三品大员。当张英见到儿子千里之外的来信，怒斥吴家的不地道，但是他毕竟是官场老手，没有给儿子回信，而是给当地知府写了一封信，要求父母官秉公处置。这个秉公是加引号的。秉公其实就是不秉公，如果真是秉公，张大人也不必写信关照了。

知府大人深知秉公处置就是不秉公处置，一旦公正处置，下一个摘乌纱帽的就是他。可此时他也收到了吴家的信。吴家也是官宦人家。两家都有人在朝中做大官，都要求关照自己。这确实为难了知府大人，知府大人面对困难和压力，决定将被动化为主动，他使出了一个绝对公平的办法，但是我始终认为这个办法比较缺德，因为他把张家的信悄悄给了吴家人看，把吴家的信也悄悄给了张家人看。知府大人自然成了张、吴两家的好人，还有谁不把知府大人当亲信啊？而知府大人耐心等待好戏的上演。

一场剑拔弩张、你死我活的战火快要被点燃时，一首诗却把这把火熄灭了。这让很多看热闹儿的朋友扫兴，特别是知府大人。这位诗人并非别人，正是本案的当事人——张英。

张廷玉捧着父亲张英的诗，反复朗读这首后来流传千古、脍炙人口的诗，越读越不敢相信，最后竟持着诗文目瞪口呆。

诗是这么写的：

千里捎书为一墙，
让他三尺又何妨？
长城万里今犹在，
不见当年秦始皇。

张廷玉对父亲的决定不满意，相当不满意。吴家抢占了自家的三尺土地，自己却还要退让三尺，这是什么天理啊？王法何在？张廷玉失眠了。痛苦、难受的他从家里跑了出来，站在那个差点儿让他淹死的湖水边，望着灰蒙蒙的水面，不知所措。这时，一个声音从背后传来，“你父亲也不容易啊，有一位大官给他施压，这是没有办法的办法啊”。此人就是送信的沈大伯。

这是张廷玉第一次领教官场的黑暗，官大一级压死人。难道权力可以代替正义？为官要替老百姓办实事，但是这类官并不多，自此在他心中埋下一粒种子，我要当官，要当好官，而且要当大好官。

张英这个睿智的让步，解开了张吴两家多年的矛盾和积怨，也收到了非常好的效果。张英的诗在朝廷中广为流传，也传到了康熙皇帝耳中。康熙皇帝感觉张英这位汉臣相当靠谱，便对他另眼相看。面对强大的舆论压力，吴家及时调转船头，也主动拆除了墙头，将多占的三尺土地退回。两家间便形成了一条六尺宽的巷道，这就是有名的“六尺巷”！

真是忍一时风平浪静，退一步海阔天空！

妙计救人

后来，张英协助康熙皇帝平定了吴三桂，理应受到封赏，就连守门的小军卒也知道张英一定会升官。但是张英却做出了一个惊人的决定——请假回老家。

在凛冽寒风中，张英长途跋涉赶往老家，真是一路寒风刺骨。这一天，张英带着老书童渡过一条河，来到了一座山的山脚下。张英想着翻过这座山，再走十里路，就可以看到家乡的村庄了。这时，突然从树林里冲出来一伙强盗，把张英、老书童身上的钱都抢光了。二人没有反抗，“顺利”地成了阶下囚。可见，正确衡量自己的实力，才能不作出错误的选择！

为首头领姓胡，见钱财都已收入囊中，便想做一件好事，不过是只对动物有利的好事。他对喽啰说：“把这两个人扔进山谷喂狼吧。”

官场老手张英面对绝境，泰然镇定。他不慌不忙地说：“你们不是要钱吗？我有办法让你们发财。”

胡头领有点儿不敢相信自己的耳朵，那个被抢之人不对他们恨之入骨，却还要帮他们发财，真是天下奇谈啊！他本想从这个人眼里看到慌恐，这是他生平最感兴趣的事情之一，然而眼前这个不卑不亢的男人，却让他多了一份尊重。

胡头领虽然对张英的话不完全相信，但是胡兄弟从来不会错过发财的机会，他微笑地走到张英面前，轻柔地说：“只要你让兄弟发财，就拜你为军师，也可以安全送你回家。”

张英说：“我是桐城县的张英，当过几年官，留了一些积蓄。现在去死，我不甘心啊。”胡头领说：“你当过官，娶过妻，还有什么想不通的？”

张英说：“我在官场，冒着坐牢、砍头的风险，搞了些银两，还没有挥霍就去鬼门关报到，你说我冤不冤？”

为了救自己，张英要将抢劫案转化成绑架案，让自己变成流着油水的绑票。这种忽悠确实有水平，真不枉是皇帝身边的红人。

胡头领也是聪明人，一下就领会了。这是一本万利的生意，没有拒绝的理由啊！

但是胡头领办事讲究效率，他又问：“如果你不是那个当官的张英，我们不是白跑一趟吗？”

张英说：“如果我是假冒的，你们也可以挣钱啊？”

胡头领不解地问：“你是假冒的，那我们怎么去收钱啊？”

“能。你们向张府证明，有人假冒他家主人。他们为恢复自家名誉，

也得给你们赏钱啊。”

胡头领连连点头，非常满意地收下了这个只挣不赔的金点子。为了保证计划的顺利完成，他决定亲力亲为。

于是，胡头领带着两名喽啰敲开张府的大门，讲述他们赶走强盗，救出张英的精彩故事。故事编得很精彩，无非希望多给点救命钱，要求把人赎回去。

大堂之上，张家人哄堂大笑。张廷玉也笑出了声音。因为张英在朝中贵为三品大员，他出门身边保镖也有数十人，不要说强盗，就是军队动手，也得三思而后行。何况张英身居北京，非喜白之要事，不可能回家啊。

胡头领被笑得全身发怵，为了证明自己不是说谎，他使出撒手锏，把张英的五官体貌详加描述一番。

张总管说：“这种小儿科，骗得了谁啊？张大人是朝中大臣，五官体貌就是大街上要饭的也知道啊。”

胡头领转身要离开时，张廷玉的举动让人难解，他送上十两银子说，把这个所谓的张英好好照顾，十天之内给你们回复。胡头领非常满意张廷玉的决定，认为自己离发财并不遥远。

张廷玉虽然当时的读书成绩不咋地，但是分析问题却相当正确，从张头领的详细描述中，他判断自己的父亲张英已落入对方手中，他提出十天时间，就是给营救作准备的。

第五天，一支迎娶新娘的队伍浩浩荡荡经过山寨。新娘说，这个轿子太难坐，要在山寨休息。

当轿夫告诉小喽啰，小喽啰报告胡头领，胡头领先是惊讶，然而是满面笑容，这年头，金钱、姑娘都会主动送上门来，一定是祖坟冒青烟了。

看着戴着盖巾的新娘迈着小脚进入休息厅，胡头领内心真是千军万马奔腾。这几年虽有点钱，托人说媒，要招压寨夫人，可是姑娘家听说要上山当强盗，死活也不干。现在有人主动送上门来，真是艳福啊！

胡头领向手下使了个眼色，便大胆冲向前，拦腰抱住新娘，往内房赶去。新娘反抗争执，盖巾飘落而下，当胡头领看到了新娘的脸，他脸色发白，连忙丢下新娘，边逃边叫："妖精！妖精！"这也不能怪胡头领，因为新娘脸上的皱纹比他母亲脸上的还多，还厚。

新娘当然不是妖精，此人就是媒婆何老太。胡头领离开张府后，张廷玉嘱咐张总管跟踪，掌握山寨的位置。接下来，张廷玉叫来丁知县，商量以迎娶新娘的名义一举端掉匪窝。但是谁来扮演新娘成了头疼事，姑娘家都不干高风险的事，万一真被抢了，就生米煮成熟饭，那是要毁掉一生的呀。张廷玉提出重奖，重奖之下当然有报名的，不过不是小姑娘，却是何老太。于是，何老太就这样盖上头巾，假扮新娘上山，结果吓逃了胡头领，当然这正是张廷玉计划的一部分。

最后，在众人盼望的目光中，张英如英雄一样地走出匪窝。胡头领则"光荣"当兵——被发配充军。

难解的谜团

张英回到老家，自然成了当地热门人物。每天张府都门庭若市，门槛都被踩破了几根。大家都知道张英在平定"三藩之乱"中立有汗马功劳。"三藩"就是平南王尚可喜、靖南王耿精忠、平西王吴三桂，这些是举足轻重的人物。其中最难搞的就是吴三桂，双方打了整整八年，后来张英提出各个击破的策略，才促成清廷最后的胜利。大家认为，康熙皇帝一定会重重奖赏张英的。

可张英在家住了一个月、三个月、半年，却丝毫不见动身去京城的样子。桐城的老百姓很纳闷，张英大好前程不去，却窝在这么个山沟沟里，难道要学陶渊明？但是好像也不完全对，张家天天派人外出打探消息。陶渊明住在世外桃源，与官场隔绝。难道张英脑子进水了，当大官是多么风光体面！

不久，民间传来了张英的诸多负面消息：什么贪赃枉法，乱搞女人，群众基础差，被领导看不上等。

张英也不去辩解，但是有一个人却相当焦急，此人就是张英的次子

张廷玉。父亲可以说是他崇拜的偶像、家庭的支柱，不能出意外啊！

就这样，张英在家看书，写字，偶尔还爬爬山，可依然没有要回京的打算。张英并没有因为在家待业半年，就如热锅上的蚂蚁般团团转。

其实张英不是不想回京，而是一直在等待时机，但是张廷玉却等不及，他多次催问父亲为什么不去京城！

张英面对这个可爱的儿子，只说，你还小，不懂官场。

张廷玉对父亲的答复极不满意，他想探知真实原因。他哭哭闹闹地向父亲索要那个神秘的答案。但是张英立场坚定，不管是外人还是亲骨肉，一视同仁，就是不透露。

几番进攻，张廷玉见难以取得进展，便在周围寻找，他向父亲的朋友包括本地的知县、知府大人，以及有学识的亲戚咨询，他们通通给出一个相同的答案，小子，你不要管大人的事情。

面对责备的目光，张廷玉并不气馁。他找到算命先生，占了一卜。算命先生给他的答复是去当官还不如在家休息好。这真一是个让张廷玉哭笑不得的答案。

月光投进深深的院落。张廷玉辗转反侧，不能入眠。面对问题，他从不犹豫、退缩，而是迎难而上，终于用一个极不普通的办法找到了那个未知的答案。

张廷玉爬起床，站在院落中仰望星空，然后一个人悄悄来到父亲的房门外，庄重地跪下去。天亮了，张英推开房门，撞见跪在地上的张廷玉，吃惊不小。当他得知宝贝儿子跪了一夜后，心疼不已。他上前扶自己的儿子，可张廷玉却死活也不起来。张英知道这小子虽然聪慧，但是行为却有时稀奇古怪。

张英道："有什么事情，快说吧？"

张廷玉说："父亲协助皇帝平定了'三藩之乱'，事业蒸蒸日上，却请长假休息，儿不解啊。"

张英笑了，说："我累了，回家休息不可以吗？"

张廷玉说："儿要知道真相。"

张英向四周扫了一遍，轻声说："在平定'三藩'中，我的建议都被皇帝采纳，将士爱听我的话，我在军中有很高的威望……”

张廷玉腾地站了起来，一拍大腿说：“我知道了，你怕功高盖主啊！”

张英拍了拍儿子的脑袋说：“你能悟出这些，将来功名不在我之下啊。”

张英为人确实狠，对自己尤其狠，在事业快达到顶峰之时，谁都迫不及待去攀登最高峰，但他却放慢了脚步，开始休息。因为张英深深懂得一个“飞鸟尽，良弓藏；狡兔死，走狗烹”的道理。是的，历史上，这样的实例太多，汉高祖刘邦得天下杀韩信，宋太祖赵匡胤有“杯酒释兵权”的故事，明太祖朱元璋也基本上杀光了打天下的功臣。功高盖主历来都是官场的大忌啊！

四年以后，聪明的康熙皇帝让张英官复原职，此时的张英在朝中、军队中再也没有一呼百应的群众基础，这正是皇帝所希望的。也是从此刻开始，康熙皇帝完全信任了张英，让他走向了人生的顶峰，成了大清的“宰相”（文华殿大学士）。

张英，你的好日子还在后面！

因感动而结婚

男大当婚、女大当嫁是自然规律。那年张廷玉十六岁，小伙子也长得英俊帅气，有房有田，确实是抢手货，按理说到他家说媒之人应络绎不绝，然而结果却让人大跌眼镜，不管张家人如何左顾右盼，就是不见媒婆上门。

原因很简单，张家娶媳妇的门槛太高，提出了三个标准，缺一不可。一是要门当户对，二是要有文化，三是要颜值高。在清朝时，这其中的任何一条都让人望而生畏，三条标准综合起来，便吓倒了无数待嫁的姑娘。

在小小的桐城，官宦世家掰着手指头也能数得清，而与张家官级相当的则更是少之又少。媒婆见这件好事不易操办，便自然知难而退。这

年头，买块好肉、买条活鱼不难，但是娶个十全十美的老婆比登天还难。

张廷玉的母亲本以为儿子一定是抢手货，可春夏秋冬这一年后，儿子由“鲜货”成了“干货”。张母开动脑筋，寻找问题，当她找到问题症结时，吃惊不小，原来问题不是出在张廷玉身上，而是自己身上——要求太高。张母出身书香门第，也有文化，懂得妥协和变通，在婚姻大事和名声面前她义无反顾选择了前者，没有比结婚（传宗接代）更重要的事啊。

张家的代言人就是总管张大伯，他跑了一户又一户媒婆家，只为解释相同的问题，门当户对不一定是官宦人家一说，只要生活条件好的地主、绅士、商家都可以，经济条件是门当户对的标准。中国文化真是博大精深，不管哪种解释都是正确的。媒婆听到最新版本的解释后，露出了堆满皱纹的笑容，仿佛看见那成堆的金银在向自己招手。

媒婆把条件相当的姑娘介绍过来，张母只是点头微笑，虽然张廷玉年纪轻，却也不好糊弄过关。张廷玉的说法是，他爱才，也爱貌，姑娘长相很重要，要看有没有眼缘，万一对方是个麻子脸可怎么办？这不仅关系几十年的幸福生活，而且与下一代也息息相关，万一生个二麻子、三麻子出来，找玉皇大帝告状也白搭啊。在当时，张廷玉的这个想法纯粹是挑剔，简直是鸡蛋里挑骨头。你又不是皇帝，挑媳妇却搞得像选妃一样。

张廷玉是务实主义者，为了找上一位好媳妇，他早已选中一个特别的媒婆，就是村口的何老太。他相信只要何老太出马，一定会为自己找到心仪的另一半。

张廷玉相信这位媒婆，因为她有一种常人未有的能力，这种能力就是可以让张廷玉不管在百里还是千里之外都能看见姑娘的相貌。当时没有望远镜，没有录像机，也没有照相机，何老太有何本事呢？答案是她擅画肖像，而且画得栩栩如生、惟妙惟肖。

何老太走上媒婆这行当前，也有一段难忘的故事。她小时候家境不错，读书、绘画、弹琴，后来嫁了一位官人，可惜官人英年早逝，何老太为了养家糊口，干起了封建社会的热门行当——媒婆。因为她擅画肖像，许多帅哥靓女们便争相请她做媒。她免费作一次肖像画，虽然效果远远不如现代人的照片那样清楚，可也着实让人风光一把。

可见，一个人做一个行当，不管高低贵贱，要学精学通，这样才能有好的前景。

何老太也不负张家之托，不出半月，便拿出了三张姑娘的肖像画。张廷玉挑来挑去，认为其中的一位姚姑娘正是自己心目中的伴侣。张母见儿子满意，自己自然也是高兴，更何况这位姚姑娘与自己的娘家还有点儿沾亲带故的关系。

大家都满意，但是有一个人却是不满意的，此人就是姚姑娘本人。

当然姚姑娘对这门婚事并不是不满意，而是对何媒婆给自己画的肖像画不满意，她认为对方没有画出真实的她。原来何媒婆来见她时，母亲给她化了妆，不是简妆而是浓妆。姚姑娘长得苗条、俊俏，但却有一个天生的缺点，脸上有几颗小小的雀斑。浓妆之下，何媒婆当然看不到雀斑，便将姚姑娘画成了一幅赛过仙子的美女。

订婚消息传开，姚姑娘惊喜不已，惊的是丑媳妇总归要见公婆（也不是很丑，就是多了几颗雀斑），喜的是张廷玉有文化，有背景，而且长得一表人才（姚姑娘在庙会中见过张廷玉一面），如果不喜欢这种有文化的帅哥太没天理了。别人订婚，开心还来不及，可姚姑娘却整天沉浸在紧张之中。当然这种紧张没有太久，一个不幸的信息便传来了。

不知何故，张廷玉得知了真相，姚姑娘长着雀斑面，这是张廷玉最不想听见的消息。他愤怒了，感觉自己纯真的心灵受到了伤害。张家提出退婚。在男权主宰的社会，这对姚姑娘来说是个比死亡还难受的打击。

姚姑娘虽然痛苦，但是她也没有寻死觅活，而是去了尼姑庵。张廷玉此刻的心情，不要说她去尼姑庵，就是去阴曹地府也行，反正通知解除婚约之时，对方便跟本公子无关了。

但是姚姑娘是真正的才女，文可以说饱读诗书，武可以说绣花织布、裁衣纳鞋样样精通。姚姑娘岂是好欺负的，她轻轻地使了三招，就让张廷玉佩服得五体投地，马上来了个一百八十度的大转弯，提出非她不娶。

第一招是写一封信。当张廷玉看到姚姑娘娟秀的文字，其书法水平不在自己之下时，便惊叹不已。姚姑娘在信中说，何老太画的肖像画如何，她也不知道呀，她从来没有欺骗过张公子，最多也是误会。姚姑娘说得有理有节，情意真切，张廷玉也是有血有肉之人，认为姚姑娘通情达理，是个少有的好姑娘。

张廷玉，你慢慢享受，进攻才刚刚开始。

第二招就是给张廷玉送一双布鞋。在那个年头，布鞋相当流行，比现在的牛皮鞋、猪皮鞋、鸡皮鞋牛得多，就是皇帝老子也是天天穿布鞋。张廷玉蹲下来试鞋，鞋正合脚，这让张公子惊喜若狂，难道姚姑娘还会算卦，未看过自己就知道自己脚的尺码吗？事实是，姚姑娘看到过张廷玉的身材，而且姚姑娘是奇才，她能从对方的身高中判断对方脚的大小。

第三招就是张廷玉收到了一束乌黑的秀发，这是姚姑娘的头发。这就是告诉张公子，我活是你家的人，死是你家的鬼。这么一位有才华的奇女子如此深爱着自己，张廷玉扛不住了，他没有理由拒绝，他在爱情面前彻底缴械投降，成了一名幸福的俘虏。

接下来，张廷玉提着礼物到处寻找姚姑娘。其实也不难找，就是这附近的几家尼姑庵。

此时，姚姑娘正跪在庵堂之上，老尼姑抚摸着对方那缕长及腰际的秀发，举起剪刀正要“咔嚓”一下剪下去时，张廷玉喘着大气出现了。他大喝一声住手，将一位即将步入佛门的姑娘拉了回来。姚姑娘扑倒在张廷玉热腾腾的怀中，失声痛哭。

我相信这种哭泣，绝不是痛苦，而是充满了甜蜜和幸福。这就是刻骨铭心的爱情。

清朝时，在男女情感中，都是先结婚后有爱情，而张廷玉和姚姑娘却打破了这一传统，先有了爱情才结婚。不管是何种形式，取得爱情是第一位，没有爱情的夫妻生活是苦涩的。

迟到的爱情同样是爱情！

第二章 不简单的考试

中美人计

张廷玉与姚姑娘结婚后非常恩爱，小日子过得很滋润。张廷玉是偏科生，在姚夫人的鼎力相助之下，对孔孟之道以及《大学》《中庸》也有了全新的认识，张廷玉也因此补全了短板，各科学问得到全面提升。读书与做官一样，也要有贵人相助啊。

张廷玉十七岁那年，不负众望考中秀才，而且成绩相当好，是全县第一名。秀才虽然还不是官员，但是这个学历却相当重要。不是秀才，便没法考举人、进士，不是举人、进士就当不了官。秀才的学历，在仕途上是非常重要的一环，起到了承上启下的作用。

秀才名单公布后，张廷玉可谓风光无限，也引来了众多的粉丝，什么老乡、同窗均登门拜见，其中不乏举人、富商、地主，大家都认为张廷玉是个人才，考个举人举手之劳，考个进士也只不过是个时间问题而已。此时有一个人，对张廷玉非常热情、友好，此人不是自己的父亲，更不是老婆，而是李教谕。教谕就是县一级的教育系统官员。清朝施行九品官级，知县七品，县丞八品，教授从九品，而教谕是比教授品级还低的官员。那教谕是几品？答案是不入流，没品。

李教谕通俗来说，就相当于桐城县的教育局长，虽然没有知县那般风光，但也是威风八面。学生进入他领导的书院，就得认真读书，不得迟到早退。每次李教谕进来，同学们都会抬起头，向李教谕投去敬佩的

目光，然后整个教室鸦雀无声，甚至连苍蝇的嗡嗡声也能听得一清二楚。

但是张廷玉进入书院后，却打破了这些规矩。他上课迟到，放学早退，还说什么家里离得远、老婆等候之类的屁话。一直相当严肃的李教谕表现得相当大肚，不但没有为难张同学，还提醒他路上小心。令人不满的事情是张同学还爱乱提问题，都是一些稀奇古怪的事儿，有的李教谕还是第一次听说，比如先有鸡还是先有蛋，为什么世界上只有男人和女人两种？这不是扯淡啊，就是过了三百多年的今天，人们也还没有弄清楚啊。李教谕当然不能回答，也不会回答。李教谕没有批评他，反而投去赞赏的目光，然后就不停地笑，笑声有点夸张，含着一种不可告人的阴险。

后来其他同学也理解李教谕了，因为张廷玉的后台硬，其父张英是朝廷大员。李教谕也是普通职员嘛，在官场拍拍马屁也属正常。清朝官员可以说没有去过青楼，但不会说没有拍过马屁。奸臣严嵩马屁拍得多些，但是好官徐阶、张居正也没少拍啊。然而李教谕绝不是拍马屁，而是一个阴谋——报复。因为李教谕考进举人后，去张英家拜会，张英虽然面善，但是收徒的标准却高，非进士出身不可。当李教谕被赶出张家大门之时，感觉受到了奇耻大辱，便暗下决心要报复，要雪耻。

报复的方式无非两种，明的就是砍人、打人、骂人等，而暗的就是耍阴谋诡计、暗中使绊等。而李教谕官虽小，但却会谋划，也想得周全，他要用一种奇特的报复方式，让张家一步步倒霉。这种方式就是用在张廷玉身上，好好溺爱或者放纵张廷玉，最后让张廷玉堕落变坏。他相信凭着自己的诡计，一定会成功，这条诡计比诬陷、诽谤、谩骂、打人都凶残歹毒无数倍。

李教谕除了在课堂上特别照顾张廷玉外，中午还请张廷玉大吃大喝，这让同学们很是羡慕，甚至少数同学还非常愤怒，他们送给李教谕一只土鸡、一条鱼、一篮苹果，李教谕从不说一声谢谢，而如今，李教谕却用这些自己送的东西招待张廷玉，而张廷玉也不是他们心目中的学习榜样，而是一个不遵守纪律、爱提些稀奇古怪问题的怪同学。

李教谕，你太欺负人。

可张廷玉却干脆利落地拒绝了李教谕请客吃饭的好意。张廷玉年纪虽轻，但是他知道李教谕一定有所图谋，世上从来没有无缘无故的爱，自己决计不能上当。

李教谕见张廷玉没有进入圈套，便继续进攻，要请张廷玉游山玩水。古代文人墨客喜欢游山玩水、写诗作画，成本也不高，成功者可以千古留名，比一代皇帝还牛，比如徐霞客先生。游玩相当于现在的旅游。说到旅游，现代人特别喜欢，恨不得把祖国山川游个遍，然后到国外去，不游尽兴绝不回家。张廷玉面对诱惑，他深情地眺望了一眼远处的山川，没有答应，也没有拒绝，只是说考中举人之后再说。

这是相当聪明的回复，既是给李教谕面子，又是拒绝。但是李教谕想，张廷玉，你跟我玩心眼，还嫩着呢。当张廷玉接到李教谕的通知，去他办公室时，张廷玉不想去，但是李教谕毕竟是县教学界的一把手，反正去一趟又没有大不了的，应该不会出事情，他决定给李教谕面子。正是这个错误的决定，差点儿让张廷玉失去乡试的机会。

当张廷玉急匆匆来到教谕办公室门外，他听到一曲悦耳悠扬的琴声，非常美妙。李教谕居中而坐，面前正有一位姑娘手抚琴弦轻轻弹奏。姑娘穿着红衣服，肌肤如雪，貌美如仙。张廷玉惊呆了，世间还有如此美人。

此姑娘名叫淑静。当淑静弹完琴之后，飘然起身，来到桌案铺开宣纸，握笔开始轻轻作画，从点、撇、捺开始，几笔落下，一幅小桥流水人家的画作跃然纸上，让人身临其境。

张廷玉禁不住拍掌叫好，如此美貌、如此才华，有此女相陪不枉来人间一趟啊。常言道，人不风流枉少年。这一招是什么？就是连八岁孩童也知道，美人计。正所谓：牡丹花下死，做鬼也风流！

李教谕为把张廷玉拉下水，真是舍得花大价钱啊。此女是怡红院头牌，本是明朝官员后代，到父亲一代家境贫寒，可是屋漏偏逢连夜雨，她家里发生了火灾，死里逃生后只得卖艺，当然不卖身。当李教谕向淑静讲世上有一位又帅又有才的张廷玉公子时，淑静脸红了，哪个女子不想嫁一户好人家，何况她还是个青楼女子，如果不是有钱有势的主儿，

拿什么东西将她赎出来啊？

这以后，张廷玉每天到书院签个到，然而就去怡红院，不是去读书，而是去找那位人见人爱的淑静小姐。淑静小姐对张廷玉也是真心的，如此帅气有才的公子，在人世间可遇而不可求啊！两人相见恨晚，整日卿卿我我。

张廷玉放弃了读书，而开始了一场轰轰烈烈的恋情，也可以说是为爱牺牲。女人的感觉往往比男人要灵敏，第一个发现张廷玉婚外恋的是姚夫人。当时的社会，实行一夫多妻制，男人多娶几位老婆也符合法律和习俗，是有本事的表现。男人去青楼玩玩也实属正常，如唐伯虎便因此得了一个风流才子的名号，真是只赚不亏啊！

棋高一招

姚夫人得知自己的夫君张廷玉在外面鬼混，相当生气。遇上现在剽悍的妇女，一定会让男人有好果子吃，叫上七大姑八大姨非吵个天翻地覆不可。但是聪明的姚夫人没有吵，也没有闹，而是把这个好消息告诉了婆婆。婆婆出身名门望族，最看不起的就是妓院，听说宝贝儿子与妓女鬼混，气得吐出半碗鲜红的血。

姚夫人见婆婆吐血了，一点儿也不感觉难过，反而有些开心，绝不是幸灾乐祸，而是她相信婆婆出马，必然会割断丈夫的婚外情，追回属于自己的东西。然而事情的发展却出乎所有人的意料，张母的告诫仿佛起了作用，张廷玉做出痛苦的样子，保证以后不再踏进青楼半步。张母相信了，可姚夫人却不会相信的，她太了解张廷玉了，此人是大情种啊，心里已经装满了一个叫淑静的少女，没有了自己的位置。

真是问世间情为何物，直教人生死相许！

张廷玉天天去书院，但不是读书求学，而是签名报到，手续办完，他从后门溜出去，去寻找那位可爱的美女淑静。在恋爱之中的张廷玉是开心的、幸福的，但是有一个人比张廷玉更开心更幸福，此人就是我们的老朋友李教谕。他为自己的阴谋诡计快要实现而兴奋不已，就像一位农夫，看到自己培育的树木开花结果了，往往会陶醉在这份喜悦之中。

次年，举行乡试，即全省统一开考，考中者便是举人。之前是全县第一名的张廷玉，到省里就不行了，铩羽而归。张廷玉也没生气啊，因为还有美女相陪。李教谕见形势一片大好，他相信张廷玉是他的抓手，张廷玉多出几件丑事，人们便可以追到张英的身上，俗话说，子不教，父之过。一旦张英落水，他便可痛打落水狗。

姚夫人非常有自知之明，她知道自己显然对张廷玉在青楼那种地方鬼混是鞭长莫及，管不了的，而且张母这张牌也用了。聪明的姚夫人面对困难马上想到了办法，当张廷玉听到夫人的建议，不是反对而是眉开眼笑起来，然后举双手赞同。姚夫人的提议很简单：相公既然喜欢这个女子，那便将她娶回家来。

张廷玉是幸福的，天下之大，读懂他的人正是姚夫人啊。姚夫人的建议受到了广泛的批评，张母第一个接受不了。亲戚、族人也都一致反对。张家是赫赫有名的家族，要什么女子就有什么女子，怎么会偏偏相中一个青楼女子呢？娶回家，是会丢老祖宗的脸的，祖坟里是要冒黑烟的。

张英虽然身在京城为官，每天陪着康熙皇帝处理天下大事，但是对家事也还是关心的。闻听此事后，他做出了一个惊人的决定，同意张廷玉娶青楼女子，前提是他必须先考个举人。老子是进士出身，儿子不考取个举人，老子的颜面往哪里搁啊？

举人虽然不能直接去当官，但是当官员死亡，举人是可以填补空缺职位的。但是举人当官之前，还要去吏部参加一场面试，这种面试比今天的面试简单多了，文章才学不用考了，考官只要看考生的长相即可，国字脸、宽脸留用，尖嘴猴腮的赶回家种红薯，歪瓜裂枣的大门也不让进。

张英实在有点儿厉害，身在千里之外，便能看清李教谕的诡计，他轻轻一提笔，便破解了李教谕的阴谋诡计。李教谕是“初中生”，张英是“博士后”，“初中生”哪里是“博士后”的对手，双方根本不在一个级别上，根本没法儿比。

李教谕，你得回家再苦读几年书啊！

幕后黑手

张廷玉得知父亲的意见后，大喜过望。能够娶上如花似玉的淑静不再是白日梦，他相信凭借自己的能力一定可以考个举人。但是过分自信也未必是好事，不久，张廷玉将会重重地栽一个跟头。

比张廷玉还兴奋的就是淑静姑娘，这位青楼女子最大的梦想不是博得多大的名声，也不是发横财，而是跳出这个遭人唾骂的火坑——青楼，过上相夫教子的正常生活，平平常常过一生。这次无疑是一个天赐良机。

淑静，你要好好把握，一定不能错过啊！

于是，张廷玉背诵课本，淑静便在旁边看着课本；张廷玉提笔写诗文，淑静便在案前磨墨；张廷玉做思考状，淑静便聚精会神看着，绝不能让张廷玉遇到解不开的困难。

时光如流水，转眼三年一次的乡试之期又快到了。张廷玉非常高兴，自己学习顺利啊，生活也顺利，心想着好运也即将来到。这时，又传来了一个极好的消息，在京城当大官的父亲张英要回来了，途中张英特地去了一趟省城，会见了此次乡试的主考官。

张英进了家门，张廷玉行跪拜之礼。张英激动地望着这个宝贝儿子，他过去抱了儿子起来，儿子比自己长得高，高出个半个脑袋。

张英笑眯眯地说：“玉儿，听说你学习刻苦，为父很是喜悦啊！”

张廷玉抬头看着父亲的眼睛，认真地说：“这次考试，我不会给父亲丢脸。”

张英点了点头，然后从怀里拿出一样东西递给张廷玉，说：“这是我在京城寻得的一块千年好玉，你将它戴在身上，遇事定会逢凶化吉。”

这是一位父亲对儿子的一片爱啊！张廷玉捧着那块晶莹剔透的美玉，眼里流出了泪花。张英送玉是真诚的，对儿子的感情也是真诚的，但是他要对张廷玉动手脚，虽然都说虎毒不食子，但这确确实实是一个阴招。

张廷玉参加完乡试考试，满意地走出考场。他感觉举人已是囊中之物。经过这三年的刻苦学习，张廷玉已经不是三年前的那个愣头青了。

此时张英快马来到省城，他向主考官说自己的儿子参加了此次乡试。主考官正想讨好领导，连忙说："你儿子一定会高中的。"即便乡试没中，当然也没有关系，主考官大笔一勾，给个举人当当还是小菜一碟。但是张大人却抢先说出了一个建议，听得主考官目瞪口呆。

张英说："这次考试，你们不要让我儿子张廷玉中举人。"

这是什么歪理啊？有多少人望子成龙，盼女成凤，考进举人相当于现在考入大学，家里是要烧高香的。《儒林外史》中，范进考进举人后便兴奋得疯了。张大人是高官，大家当然不会怀疑他精神有问题，而张英的脑袋也绝对没有进水，也不是因为反对儿子与青楼女子的恋爱，而是他实在太懂得自己的儿子了，让儿子读书不易，他要把握好机会，让他静下心来，苦读圣人之书，将来成为国家的栋梁之材啊！

接下来，张廷玉听到自己落榜的消息后，不太相信自己的耳朵，感觉自己考得还不错啊，怎么会名落孙山啊？如果有黑幕，可能性不大，父亲是当朝大官，人家巴结还来不及呢！

张廷玉回去了，他向省城说了一声：三年后，我还会再来的！

接下来，张廷玉在淑静小姐的陪伴下，苦读诗书，刻苦学习。不久，三年一次的乡试又到了，当然这一次张廷玉考得不错，但是张大人这一次又告诫过主考官，张廷玉不能中。主考官虽然十分为难，但是也没法子，只得陪他们玩。

于是，"不幸"的张同学再次落榜！

张廷玉回去之后，如打了鸡血一般，天不亮便起床读书，半夜才睡觉休息。功夫不负有心人，铁杵终磨成针。几年间，张廷玉的知识、能力有了突飞猛进的提高。在此后的那次乡试中，他得了全省第一名。这个成绩太好了，全省第一。张英终于露出开心的笑容，他的目的达到了。真是恐怕再不给他举人头衔，老天爷也要动怒了！

角逐主考官

张廷玉高中举人后，眼看三年一次的会试即将临近。康熙三十九年(1700年)，张廷玉来到京城，准备迎接自己一生中最大的考试。张廷

玉对此次参加会试相当重视，不敢掉以轻心，他知道即便是全省考试的高手，在会试中也可能败北，就是一代文豪也不一定能考中贡士。张廷玉中了举人，他有理由相信要出类拔萃，非花大力气钻研学问不可，正所谓一分耕耘，一分收获！

这几年，康熙皇帝手气很顺，先后除了鳌拜、平了三藩、收复台湾，整个帝国都在他的掌握之中。世上好似没有人敢于挑战他的权威，然而好似没有，其实还是有的。在朝堂之上，康熙皇帝议定一位会试主考官，准备让其招录天下有才有德之士为朝廷服务，可这个很简单的决定，却让他颜面尽失，尴尬之极，还差点儿成为被利用的工具。

大阿哥胤禔能说会道，小伙子长得帅气，深得康熙皇帝的喜欢，他推荐大学士明珠出任会试主考官。

主考官是个令人羡慕的岗位，明珠大人没有感谢他，反而狠狠地瞪了他一眼，心想这个孩子怎么总是长不大，总是一根筋啊。明珠虽然喜欢主考官这个职位，可他现在已经是一人之下、万人之上，树大招风啊，他怕功高盖主啊！他曾亲眼目睹康熙皇帝除掉鳌拜这一血淋淋的现实。明珠于是推荐大学士余国柱或户部尚书佛伦任主考官。明珠暗道：二人都是合适的主考官人选，而且这两个人都是自己的心腹，让他们充充门面，作个傀儡主考官，而真正的主考官却是他自己。

太子胤礽见大阿哥推荐自己的死党明珠，便跳了出来说："明珠公务太忙，不合适。应该让李光地出任主考官。"本来康熙皇帝也相中了李光地，而被他一推荐，傻子也都知道李光地是太子的人，因为李光地是太子的老师。如果皇帝选了太子的人，皇帝支持太子，朝堂上便失去了平衡。

会试主考官是一份肥差，捞点银子是次要的，主要是拉拢人才，增加一批亲信，因为主考官就是将来殿试中决出的进士的老师，这些进士虽然有文化，讲尊严，但是也懂得官场潜规则，谁是主考官，谁就是老师，一切听老师差遣，除了逢年过节送礼外，还要在官场上时刻与老师保持一致。

八阿哥胤禩见这个好机会当然也不会错过，但是精明的他，不会亲自上阵，万一失败也不会太没有面子。他向九弟胤禟使了个眼色。九阿哥胤禟出班，向皇帝行礼说：“父皇，阿灵阿办事公道，口碑极好，我建议阿灵阿任主考官。”

朝廷之上，大臣们吵得如一锅粥。康熙皇帝感觉太没有面子了，这些争权夺利之人，不是大臣，而是自己亲生的骨肉，传出去一定会被天下人耻笑，连家里的小事都搞不定，何以治理天下啊。康熙皇帝越想越气，自己虽然把大臣们管得服服帖帖，天下也治理得井井有条，而这个家庭（皇宫）却管不了。怪不得有句老话，清官难断家务事啊！

康熙皇帝真想在朝廷之上大骂这些龟儿子，但是骂他们就等于是骂自己啊。每当遇上这个难解困局时，他总会向大学士张英投去深情的一瞥，张英就会主动出来解围。此时，他向张英望去，张英却低着头，当作没有看到。大学士张英，确确实实没有参与什么党派，康熙皇帝最反感手下的大臣交朋结党，这样的话，皇帝会成为最大的光杆司令，他希望手下人也是光杆司令。

康熙皇帝高声说道：“张爱卿，你不是也有奏啊，快快说来。”

张英心想，自己是上奏过，要当主考官，不过如果此时跳出来，面前这些皇子、太子，一个也得罪不起啊，以后他们当皇帝后，自己绝不会有好果子吃啊。但是康熙皇帝才是当今的皇帝，他的话一定要执行，更不能开罪啊。他站直身子，挺了挺腰，大声说：“臣也自我推荐当会试主考官。”

会试主考官，应该由德高望重、有才华的博学之人担当。康熙皇帝对张英的奏事相当满意，可刚要表态，这时大学士明珠却站了出来说了一句话，挡回了张英的请求。明珠说：“皇上，张大人之子也要参加这次的会试，依照规定，张大人应该回避。”

这一招确实厉害，把康熙皇帝也糊弄过去了。但是张英既然提出要求，他就有自己的对策。张英又出班了，也说了一句话，就轻轻解开了那个死结。他说：“皇上，微臣若出任此次主考官，便会让犬子廷玉回避这次会试。”

会试是三年一期，让儿子再等三年来考，这就是张英张大人的决

定。他认为个人、家庭与天下大事相比，都是小儿科，如果能选拔德才兼备的学子充入朝廷，为天下老百姓做实事，那才是做臣子的义务。

康熙皇帝微微一笑，便把握住机会，将会试大考的重任交给了张英。

是金子总会发光

张英回到府上不想见儿子张廷玉，他感觉自己当会试主考官让廷玉回避，亏欠了他。会试三年一期，青春有多少个三年，错过了就错过了。张英在院落中来回走动，不告诉儿子也不行，迟说不如早说，便决定还是把情况告诉他。

张英把张廷玉悄悄地叫进了书房，这里离主房较远，静僻。一般人遇上这个结果要么大吵大闹，要么黯然神伤而去……然而张廷玉在听这个不幸的消息后，完全出乎众人所料，他苦笑一声，突然跪在张英面前，庄严行礼。张英也纳闷啊，儿子不怒吼几声，也没有伤心之后扬长而去。

“你不怨恨为父吗？”

“我没有啊，而是感谢，因为我有一位为着天下人的好父亲！”

“难道你不怕三年之后考不上？”

“不怕的，是金子总会发光的。”

几次举人考试的失利，让张廷玉加倍学习，他的能力已悄悄地超过了许多人。能力的提高，让他高瞻远瞩、胸怀大志，以国家兴衰为自己终生奋斗的目标。

朝廷内外都认为张廷玉只能好好学习，三年之后再参加会试了。另外也有一些好官为其扼腕叹惜，打抱不平，张家虽然是官宦人家，但是这次会试资格被剥夺，实在不公道，难道当官的连老百姓的待遇、权利也没有？当然这只是个例，不然也不会有这么多人挤破脑袋进官场。

正当大家替张廷玉扼腕叹息之际，一个人说话了，“张廷玉可以参加会试”。其他人对此也没有反对意见，就这样，张廷玉参加了会试。

说这话的人不是别人，正是九五之尊的康熙皇帝。康熙皇帝说这话时，加了条件，张廷玉的试卷要送到他老人家那边阅核。康熙皇帝是这样说的，也是这样做的，哪个不要命的小子敢多说一句话呢？

张廷玉在会试中如愿高中，取得随后的殿试资格。殿试中，各路学子认真考试。张廷玉一路考下来，相当顺手，他相信一定能出好成绩。一甲状元、榜眼、探花不一定有把握，但是二甲一二名应该不成问题。然而想法与现实往往有距离，当然这个现实就是官场现实，而不是真正的现实。

张廷玉，有人给你使绊，这个人不是你的敌人，而是你的亲人。

放榜那天，张廷玉差点儿挤破了皮，才看到榜书，从上往下看，怎么也找不到自己的大名。找啊找，终于在下面找到了自己的大名，居然是三甲第一百五十二名。这次是中得进士了，可以当官了，可是这个名次实在是不好意思说出口啊。

取得这个名次，张廷玉不舒服。他猜想是父亲故意所为，这正是官场老手张英的一个英名决策。这个不起眼的名次，不会引起别人嫉妒，也不会有人背地里打黑枪。

康熙皇帝复核张廷玉的试卷时大吃一惊，这是一份几乎完美的答卷，其水平不一定超过状元，但是比起榜眼、探花来就出色多了。可张英却给儿子一个三甲第一百五十二名，差点儿要名落孙山，如果遇上别人，康熙皇帝非让他回家不行，但是张英是给自己儿子减成绩，侵权人与受害人都是自家人，不会有人不服。

改动名次，可能会得罪天下读书人，你把张廷玉名次往下拉，其他考生就往上递增名次，读书人是认死理的，他们编个戏文或写本书变着戏法骂人，皇帝老爷也没办法啊。

但是康熙皇帝是个聪明人，面对这道小题目，他眨了眨眼睛就破解了。他给张廷玉授予翰林院庶吉士。庶吉士相当于现在的中央党校培训班学员，其录取率很低，每次只录取四人，分别是一甲状元、榜眼、探花三人和二甲第一名。当过庶吉士的考生，以后才有资格进内阁当大臣。

于是，二十八岁的张廷玉进入翰林院深造，他将在那里将度过三年

的学习时光。

张廷玉一下子成为康熙皇帝关注的人物，这是张英以退为进策略的结果。有人羡慕张廷玉运气好，遇上英明的康熙皇帝。其实任何运气的背后，都有一项东西作支撑，那就是实力。实力不是你今天想要，今天就会有的，要点点滴滴积累而成，正所谓冰冻三尺非一日之寒！

张廷玉，美好的前程在向你招手！

第三章 选择老板

酒肉朋友

张廷玉和父亲张英同时在朝为官，羡煞了一众同僚。父子二人同朝为官，这是何等的荣耀。张廷玉也沉醉在这份甜美的幸福中，但是好景不长，父亲张英便给了他一个大大的惊喜——辞官回桐城老家。

正当张廷玉不解、惆怅之时，形势却一片大好，许多从未来拜访的官员带着厚礼登门入室，张家客人络绎不绝。来访客人都是高官、大员，甚至还有王爷家总管。这些人如此做是想赌一把，他们相信：有其父，必有其子。张英撂下儿子张廷玉很放心地离开，那么这个张廷玉的政治前途将不在其父之下。

这位王爷家总管就是李总管，他是大阿哥胤褆派来的。李总管请张廷玉喝酒。遇上王爷请喝酒，这是一个人一辈子也不一定会遇上的喜事，官员会把王爷的一声招呼或者一个笑容，当成人生之中的一件幸福大事。但是张廷玉却并没有感到开心，甚至还有一丝不快，因为大阿哥不是太子，只是个王爷，跟着他没有前途。但是喝酒还是要去的，王爷是得罪不起的。

宴席之上，除了大阿哥胤褆，还有一众官员、富商和名流。

大阿哥说："听说你非常有才气。"

张廷玉站起身说："多谢王爷夸奖。"

"张大人，你只要听我的话，将来当个尚书不成问题。"

廷玉心想，你又不是太子，将来也当不成皇帝，凭什么让我当尚书，这不是忽悠我吗？

张廷玉见招拆招，立即说："下官只管做好本职工作，从不奢望飞黄腾达。"

李总管说："升官发财，自古以来便是读书人追求的目标啊。"

大阿哥也举起酒杯说："今天本王爷请客！大家大口喝酒，大块吃肉！"

一众官员、富商、名流纷纷起身，表示今后得给他们一次机会，让他们做东。大阿哥胤禔看着众人如此热情豪迈，有意想把表现的机会留给他们。

但是这么多人表示请客，机会给了谁都会让其他人不悦。这让大阿哥为难了，简直比自己请客还要难。

李总管马上给大阿哥解围，说："我看让张大人请客算了。"

这让张廷玉感到意外，自己没有提出请客，而他们要请，却不给他们机会。李总管给出的理由很简单，这么多人表示请客，让王爷挑选，不是为难王爷，而张廷玉是唯一不表示要请客的，点上他的名字是多么简单啊！

张廷玉本来想吃了这顿立即离开，现在却让他请客，完全令他措手不及。

张廷玉身上带的银子不多，请客要花费自己两三个月的俸禄，但是让他请客反而轻松、高兴，不是张家银子多，而是因为从此之后，他不欠大阿哥的人情，一顿饭的人情也没有。其实这是大阿哥的诡计，他见张英黯然离开，就要敲张廷玉一次。大阿哥虽然长得一表人才，但却爱占小便宜。

可这区区一小袋银子，便断送了大阿哥的远大前程，因为这个小小的张廷玉，将来会成为大清帝国堂堂正正的宰相（大学士、军机大臣）。康熙皇帝驾崩之后，正是他组织安排新帝继位，掌控着大清王朝未来的走向。

诚信对每个人非常重要，有诚信的人才有朋友、帮手、团体，没有诚信的人找不到可靠的伙伴，永远难成气候。

银子开路

回到府里，张廷玉见大堂的八仙桌上放着一包东西，样子像是银子，这让他感觉奇怪。张廷玉将其层层打开后，发现果然是一堆银子。难道这些银子是大阿哥送来的，表面上让张廷玉请客，暗中却由大阿哥自己出钱，如果是这样，大阿哥的智商可谓相当高，但是大阿哥脸蛋帅气，脑袋却傻气，他不会有这份心计的。

那这是谁的银子呢？

正当张廷玉苦苦思索之际，管家小华子进来说："大人，刚才八阿哥派人送来这包东西，小人不敢做主，还请大人定夺。"

八阿哥胤禩好结交江湖朋友，视金钱如粪土，在朝野口碑极佳。原来他是用银子铺路，怪不得大家都说八王爷是好人、贤能。

但是八阿哥不是太子，更不是未来的皇帝，收了他的银子，便等于把自己的命运与八阿哥系在一起。历史上，大臣因为得罪了太子，当太子执政后而遭到杀害的例子数不胜数。

银子是好东西，可现在却成了烫手山芋。

张廷玉说："把银子退回去吧。"

小华子说："大人，八阿哥的赏银不能退。"

"为什么？"

"退了的话，就说明我们与八阿哥不是一路的，是公开与八阿哥作对。凭大人的实力，想与八阿哥作对，简直是以卵击石。"

"银子是一定要退回的。"

"啊，这个恐怕不行吧？"

"我会让八阿哥心甘情愿地接受的。"

"小人想不通。"

"我自有办法。"

当天晚上，张廷玉让小华子带着古瓶，两人匆匆忙忙直奔八王爷的

府邸。

八阿哥听说张廷玉来了，猜想是自己的银子起作用了。每次他送银子给大臣，大臣就会赶过来道谢。

八阿哥在大厅会见张廷玉主仆二人。

张廷玉行礼之后说："王爷，大事不妙！"

"什么事情？"

"王爷赏给下官的银子，被大阿哥家的李管家知道了。"

"杀了他不就得了。"

"可这个李管家已经报告了自家主子，现在杀他已经来不及了，反而会打草惊蛇。"

"啊，那可怎么办？"

"下官有一个办法？"

张廷玉叫小华子把古瓶放在桌面上。他指着古瓶说："王爷请收下这个古董，下官自有办法。"

"你是让本王用这笔银子买这个古瓶？"

"王爷是聪明人，一说就到点子上了。只有这样，不要说大阿哥家的管家知道，就是大阿哥本人知道，传到皇上那边也无妨。"

八阿哥哈哈大笑："张大人，年纪轻轻，就懂得政治规则，将来一定出人头地。"

张廷玉虽然是官场新手，但是他的政治智慧比老手还厉害。

可见，真正会做事的高手不是处理一些日常工作，而是能解决各类疑难杂症，让自己永远处于不败之地！

投靠大老板

张廷玉从八阿哥府回家后，庆幸自己成功摆脱了八阿哥的收买，但是他很快就感觉到自己如风一样无依无靠：作为一名新官员，必须找到自己的靠山。其实在张廷玉的心里，他早有合适人选。这位大哥级人物就是太子胤礽，只要搭上太子这条线，就是替自己未来的政治命运买了保险。当然这只是张廷玉一个人的美好愿望。多年后，太子胤礽被康熙皇帝废除，张廷玉着实吓出了一身冷汗，真是好悬啊！

而此时的张廷玉决定去拜见太子殿下，凭他的才华以及庶吉士出身，父亲又是前任宰相，加入太子一派是小菜一碟，将来太子执政，自己也可以捞一个重臣。然而事情的发展与他想象的却完全相反。

张廷玉坐轿子来到太子府外，请看门的公公通报一声，就说他张廷玉前来拜见。张廷玉想太子也知道皇兄皇弟们对皇位虎视眈眈，他自己只有不断增强实力，才能在夺嫡之争中处于不败之地。

张廷玉在太子府外转了半圈，想想将来可以在这个地方长驱直入，便开心地大笑。

可这时，看门的公公进去转了一圈回来说："太子正与大臣商议要事，没有时间接见你。"

张廷玉注视着公公的表情。可公公却狡黠地一笑说："张大人，您请回吧。"

小华子见自己的主子见不到太子，没有感到失落反而非常开心，心想主子是不是书看多了，脑袋不好使，明明见不到太子，脸上却如同捡到金元宝一样开心，真是世上罕见。

过了三天，张廷玉又来拜见太子，可是看门的公公进去通报了好久，也未见公公出来。张廷玉想，这一定是太子在忙，公公不敢禀报。张廷玉站在府门外等候。当然张廷玉还看到了一些小官小吏也在等候。太子嘛，是未来大清帝国的唯一接班人，当然吃香。张廷玉可以想到的好事，其他官吏也同样会想到的。

天很快黑了下来，张廷玉左右为难，是继续等呢，还是回去呢？如果回家，太子知道后说他缺少诚意怎么办？这不是错过了一次接近太子的机会？而且这样也对太子不尊敬啊！张廷玉正在纠结之际，公公出来解围了。公公说："太子正在处理公务，晚饭不知道什么时候吃，看来没有时间接见诸位大臣了。"

张廷玉面对两次失败的拜见，并不气馁，他认为太子一心为公，说明太子值得自己追随，不要说两次不见，就是二十次不见，也是应该，

一个以天下为己任的太子比什么都重要。

太子爷，你等着，下次我还会来的！

张廷玉是个做事有恒心、决心的人。没过几天，他带着小华子又一次来到太子府门外。公公也认识张廷玉了，便有气无力地说：“张大人，又是拜见太子吧？”

“是啊，太子应该在府中吧？”

“在的，咱家就不进去通报了，因为太子比较忙，没空儿接见大臣。”

“当然要通报，张某见太子的决心不会变。”

这次公公很快就出来了，笑眯眯地说：“太子在处理公务，张大人改天再来吧。”

张廷玉回到府里，在院内来回踱步，他想不通啊，王爷们巴结我，却不是我所要的，而我要投靠太子，但是太子却没空理我。

我该怎么办？

小华子见主子愁眉苦脸，却开笑了，说：“大人，您不值得为太子发愁。”

“为什么？”

“太子不值得您付出，太子根本不是在处理国事。”

“啊？那太子在忙什么？”

“太子最近新纳了一个非常美丽的小妾，正与小妾寻欢作乐！这样一个只爱女人不爱天下的太子，不一定能当皇帝。”

“你是怎么知道的？”

“是太子的门卫公公说的。”

“他是你什么人？怎么会说这些？”

“门卫公公是我的同乡发小，好友。他悄悄跟我说的。”

这下打乱了张廷玉的远大计划，面对如此不明朗的形势，张廷玉一筹莫展，不知该如何是好？

小华子说：“大人，老爷辞官离开时，有张纸条让我交给您。”

“那你早应该给我了。”

老爷说：“老爷说了，只有在您有困难时，才让我将纸条交给您。”

张廷玉接过纸条，打开之后，眼前一亮，这些天，自己苦苦追寻的答案就在眼前。

张英给儿子指明了前进的方向，如果没有这张纸条，张廷玉或许会与许多人一样误入歧途。

只见纸条上写着张英那遒劲有力的几个大字：你要做皇帝党人。

哎，真是当局者迷。

是啊，张廷玉想，怎么把皇上给忘了，之前自己的所作所为有点儿本末倒置啊。

人在前进中要有清晰的目标、方向，有了目标、方向才会有动力。我们可以有钱，有地位，但却不能代表你有目标，没有目标往往不能取得令人羡慕的成绩。

最帅气之人

这天，张廷玉坐着马车行驶在回家的路上，突然听见前面马的嘶叫声。张廷玉拉起车帘，只见一匹黑马正向自己的马车冲撞过来，而自己的车夫正指挥着马匹向路边躲闪，然而这是一个严重的错误，因为黑马也正向这边奔驰而来。黑马要转弯已经来不及了，结果一头结结实实地撞在了张廷玉所在的马车上。黑马应声倒地，当场流血而亡。当然马车也被撞翻了，而张廷玉此时还在车内。车夫被吓坏了，若是张大人身亡，自己除了抵上一条小命外，还得家破人亡。

车夫见车厢内没有什么动静，难道张大人真的死了？他翻起车厢，见张廷玉正直挺挺地躺倒在厢底，车夫当即被吓瘫了倒在地上。

这个动静惊醒了张廷玉。张廷玉从车厢里爬出来，脸上被擦伤了。他抬起头说："还好，还好！"

车夫问："张大人有什么不舒服的地方吗？"

"我的命还在，没什么。"

张廷玉被重重地摔一下，所幸没有受重伤。但是麻烦的事情却马上来了。

黑马的主人马上找到张府，要求张家赔偿。明明是黑马撞了张家的马车，现在却让他们赔偿。小华子与他们说来说去，就是说死无对证（黑马已死）。

张廷玉对小华子说："钱财乃身外之物，就赔给对方一匹马吧。"

小华子便与对方沟通，答应赔一匹马。对方却说："要赔十匹马。"

小华子问："为何？"

"因为我们这匹马是良驹，以一当十。"

这些人说话凶巴巴的样子，一看就是不好惹的，非要个大价钱。经过调查，果然对方有横行霸道的资本。黑马的主人姓姚，是四阿哥的舅舅，也就是说这匹黑马是国舅爷家的马。

国舅爷这样欺负人，遇上一般的官员，知道胳膊拧不过大腿，只能依着他们，要多少给多少。但是张廷玉的脾气来了，说什么也不答应。

国舅爷的管家天天来张府吵闹，张廷玉便叫小华子去报案。衙役说："我们管老百姓的事情，官员之间的事情管不了。"

那天，国舅爷的管家带着一帮人冲进了张府，吵闹个不停。

国舅爷家的管家说："你们再不赔，就早点儿滚回安徽老家去。"

"你们太不讲道理了。"小华子说。

"我们把四阿哥请来。"

正说着呢，张府的门人来报："不好了，不好了！"

张廷玉忙问："你慌张什么，出什么事了？"

"四阿哥带人进来了。"

张廷玉一哆嗦，傻眼了，天子脚下当官真的好难，王爷府里出来一个管家都比你厉害。如果四阿哥出面了，张廷玉只得自认倒霉，赔银子事小，往后可还怎么在官场行走？

四阿哥进来了，说："你是张英的儿子张廷玉吧？"

张廷玉行礼之后说："王爷，正是微臣啊！"

"好小子，有胆量。你父亲张英为人正直公道，我非常敬重他，原来你也是一个正直之人。"

这就是父亲张英给张廷玉留下来的政治资本。

张廷玉说："那黑马因我相撞而死，我愿意赔偿。"

"这个本王已经调查清楚，这匹黑马受惊之后，突然冲过来撞了你们，你们才是受害者，不用赔钱。"

"可国舅爷能答应吗？"

"本王已经与国舅爷说明道理，他不答应也得答应。"

四阿哥向国舅爷家的管家瞥了一眼说："还不快滚回去。"管家非常听话，听罢便连滚带爬地离开了。

当四阿哥转身离去时，张廷玉看着四阿哥帅气的背影，油然而生的喜欢，心想此人若是当朝太子该多好啊，如果大清由如此出色的皇子带领，必定强盛。

由此可见，最帅气的不是由金钱、地位、权势、容貌来决定，而是一颗正直、善良的心，令对方感动、感激，甚至达到心灵的震撼！

四个条件

秘书，是一个非常重要的角色，而皇帝的秘书，就更是皇帝的心腹和耳目了。秘书的地位和作用至关重要，其前程不可限量，自古至今许多大官都是从秘书起家的。张廷玉也是从秘书干到宰相的生动实例。当然，当好秘书也不是容易的，不是任何人都可以的，要想成为一名优秀的秘书必须具备以下四个条件。

首先是容貌。

容貌在每个朝代都是热门话题，有出色的容貌去哪里都受欢迎，令人羡慕。人们找对象也都喜欢找颜值高的异性。而领导找秘书，也喜欢找一个颜值高的秘书。试问有什么好处？那好处可就多了去了，即便是看着也顺眼啊，顺眼之后，自然就会有好心情。

容貌的决定权从来不掌握在自己手中，然而却非常要紧，没有好的容貌，皇帝不可能点你去当秘书。全国每三年考取进士的有一百多人，你要有才华之外，还得有点容貌，让面试考官看得赏心悦目，才能加分。皇帝是天下第一人，挑选秘书首先是从容貌着手。容貌是第一关，

过不了第一关，就甭想进第二关。

皇帝挑选秘书，首先要看长相，如果秘书长得尖嘴猴腮，或者歪瓜裂枣，是统统都不会要的。而国字脸在此时最为吃香，而张廷玉的父母很给力，给他配了一张标准的国字脸。

其次是忠心。

容貌很重要，可与忠心相比，容貌便要逊色得多。因为忠心是一切工作的根本。可忠心为什么要放在容貌之后。答案非常简单，皇帝首先是看容貌，然后才会去看对方是不是忠心。

忠心就是要对皇帝百分百地忠诚。一般来说，对皇帝忠诚，就是对国家忠诚，其实两者还是有区别的，国家是集体，皇帝是个体。当然首先是对国家忠心，然后才是对皇帝忠心。因为没有国家，就没有皇帝。效忠皇帝，不得掺假，不得阳奉阴违，不得两面三刀，要跟着皇帝“一条路走到黑”。

怎么让皇帝认为你是忠心的，那要看你平时的表现。有的人赴汤蹈火在所不辞；有的人表忠心，誓死替皇帝做事；有的人讲究细水长流，靠平时的点点滴滴……不管是哪一种形式，就是要表明你不是三心二意的墙头草。

忠心说起来简单，可做起来却相当难。许多人在忠孝不能两全的情况下，义无反顾地选择了尽忠。这种牺牲精神值得人们敬仰。

再次是才华。

作为皇帝的秘书必须要有才华，上知天文，下知地理，社会上的三教九流，无一不晓才行。作为秘书，首先要能看懂各种体裁的文章，不管是奏章，还是歌词诗赋，而且还要会写，能写各式各样的文章，皇帝想到什么，你便要能写出什么才行。皇帝还没有想到，你能写出来那就更好。这说明你具备惊天地、泣鬼神的才华。

当然作为秘书的你有才是好的，但是也要学聪明点儿，不能处处炫耀自己的才华，这样最终的结局会让大臣嫉妒，让皇帝丢面子。有才华而不懂得隐藏锋芒的人，是还未达到具有真才实学的能力。

最后是口才。

你不光要会看，会写，还要会说，也就是能说会道。当然还有你说话的声音要满足要求。声音要有磁性，好听，沙哑的可不行。总之，要让领导听了你的声音之后，还想再听，百听不厌。

如果你具备了以上四个条件——那恭喜你，你即将成为一名优秀的秘书，但是要成为一名超一流的秘书，还缺少一条，也是最重要的一条，那就是你一定要能揣摩出领导的想法，懂得领导在想什么，当然这个意思你不能表达，要让领导自己来表达，而且千万别让领导知道你在揣摩他的想法！

如果你具备这一切，那恭喜你光荣毕业，前方等待你的将是不断的考验和收获！

皇帝的考察

现在，张廷玉被召入南书房上班，相当于康熙皇帝的秘书。南书房是康熙皇帝日常处理国家大事的办公场所，能在这里上班，是何等的荣耀，那是所有官员一生最大的追求。张廷玉凭借实力进入，但是他还处在试用期，前面有几道关卡在等候，只有安全过关，他才能成为皇上的贴心秘书。

有一天，康熙皇帝在处理完公事后，想要活动一下筋骨，可他站起身走了两三步后，突然感觉头晕眼花，身子突然向前就倒了下去……此时，康熙皇帝的脑海中闪出两个字——不好。

张廷玉见康熙皇帝要倒下去，便马上扑了上去。可是即便这样，也拦不住了，可张廷玉毕竟年轻力壮，他用力飞身一窜，整个身体就钻在了康熙皇帝的身体下。康熙皇帝倒下去，正好重重摔在了张廷玉的身上，当然没有什么大碍。

紧接着，张廷玉扶皇上起来。康熙皇帝笑着说：“你小子，手脚可比你爹利落多了。”

张廷玉说：“微臣应该的。”

康熙皇帝说：“好好干，朕不会忘记你的。你年轻，前途无限。”

张廷玉赶紧答道："臣愿为陛下肝脑涂地。"

这是对张廷玉的考验，可考验并没有结束，而是才刚刚开始。

送走了康熙皇帝，太监三德子跑进来对张廷玉说："我刚才从外面办事回来，感觉皇上不对，是不是今天发生了什么事情？"

张廷玉愣了片刻说："没有什么事情啊？"

三德子说："我是皇上的贴心太监，照顾皇上多年。皇上有什么意外事情，都逃不过我的火眼金睛。"

"是啊，我做臣子的就是替皇上服务。"

"你我共同服侍皇上。我想问你，今天下午皇上有没有发生什么事情？"

张廷玉为难极了，不说吧，实在不够意思；说了吧，又不知道三德子葫芦里卖的什么药？

张廷玉正在苦苦思索之际，想到了父亲张英的一句话，正是这句话帮了张廷玉的忙。父亲对他说，皇帝最讨厌手下人交朋结党，他希望手下都是光杆司令，因为皇上就是最大的光杆司令。即使三德子是皇上的心腹，也绝不能告诉他真相。

于是，张廷玉答道："皇上很好，没有发生什么事情。"

三德子眼里闪过一丝喜悦，他知道张廷玉这次的考验算过关了。如果张廷玉向他透露真相，那么他会毫不犹豫地禀报皇上，张廷玉也会即刻从秘书队伍中消失。

保守秘密是秘书的义务。一位优秀的秘书要管住自己的嘴，不管遇上什么惊心动魄的大事，或是芝麻般的小事，都要懂得守口如瓶。

康熙皇帝对张廷玉挺身而出救自己非常满意，认为张廷玉将来的功名绝不在其父之下。

于是，康熙皇帝把三德子传来，问道："你对张廷玉的考察进展如何？"

三德子说："皇上，奴才认为张廷玉忠义可嘉，但是个榆木脑袋瓜。"

"此话怎讲？"

“皇上，奴才问他救陛下之事，他却三缄其口，忠心可嘉，但是脑袋瓜死板啊。”

康熙皇帝哈哈一笑，说：“好，好啊！”

“皇上，张廷玉灵活性不够啊。”

“朕认为张廷玉的表现比我想象得还要出色。”

“还请皇上明示？”

“朕喜欢张廷玉对朕一个人的忠心。”

“陛下说得有道理，奴才明白了。”

“不过，朕还得再考察他一次。”

那天，晴空万里，康熙在南书房商议大事。康熙突然话锋一转，对李光地说：“李爱卿，太子有些嚣张，阿哥之中有没有低调一些的？”

李光地环顾四周，内心非常紧张，不知该如何回答。张廷玉也是第一次遇上这种事情，非常震惊。

等明珠等重臣离开后，李光地跪在皇上面前，张廷玉也跟着跪在地上。李光地说道：“回皇上，臣是外臣，没有资格来评议皇家私事。”

康熙皇帝本来有点儿生气，但是李光地是自己的心腹。于是，康熙皇帝说：“你作为朕身边之人，当着大臣的面，不回答朕的问话，把朕放在眼里了吗？”

同时，聪明的康熙皇帝转头问向张廷玉：“张爱卿，你对此有何想法啊？”

这对张廷玉来说个比较难的试题。如果支持皇上的观点，那就是在批评未来的皇帝，如果未来太子执政，后果将不堪想象。但是不支持皇帝的说法，那你就不能做皇上的心腹，有可能会成为皇帝的敌人。

怎么办？

张廷玉做出了一个非常正确的答复，内容是六个字：微臣听皇上的。

康熙皇帝本想以张廷玉的才华一定会发表很深刻的观点。哪知道答案竟然这么简单，但是这正是自己所需要的。

好小子，真聪明，考察过关。

康熙走后，李光地拉着张廷玉的手说："小侄啊，你年纪轻轻，就懂得官场绝学，真是前途不可限量。"

张廷玉说："还请李大人多多指教。"

"朝堂之上，如履薄冰，只有小心才能驶得万年船。"

"李大人说得好，廷玉记下了。"

可见，天下总有一些事情，自己不能管，不能管就不要管了，当然这种事情根本也管不了，管了反而会让自己摔跟头。对自己，对事情，有正确的定位，才能往正确的方向前进！

第四章 皇帝的秘书

同门师兄

张廷玉的表现令康熙皇帝十分满意。年纪轻轻的张廷玉一下子成为皇帝身边的红人，也成了令朝中百官羡慕和嫉妒的对象，但是你又能有什么办法？这是不可改变的事实。

康熙皇帝不管是起草诏书还是商议重大问题，身边总有张廷玉积极参与的身影。张廷玉虽然为官时间短、涉世不深，但是他的字写得漂亮，表达言简意赅，观点创新前卫，深得康熙皇帝的喜欢！

在康熙朝后期，国家稳定，百姓生活慢慢好转，康熙皇帝把目光锁定在发展经济上，只有管好经济才能使百姓生活水平提高，才能使社会进步。可怎样才能发展经济？康熙皇帝抓住了一个主要项目，那就是治理大运河。许多人会问：发展经济与治理大运河有因果关系吗？答案是有的。康熙皇帝确实高瞻远瞩，大运河就像如今的国道、省道，是经济社会发展的纽带，支撑着一国经济的命脉。

大运河的河道总督张鹏翮为官很敬业，是百里挑一的好官。可许多人说时间会改变一切，康熙皇帝也相信这句话。一个人以前工作扎实、每年总能出色完成各项工作任务，但是这只能说明过去，不能代表现在和将来。那张鹏翮的现在和将来又如何呢？这是康熙皇帝急需知道的答案。

张鹏翮的口碑还是非常不错的，无论是各地上报的奏书还是朝中

大臣都称赞张总督尽忠尽职，是一位难得的好官。但是康熙皇帝熟读史书，精通古今，十五岁就斗败当时第一大臣鳌拜，十九岁遇上平西王吴三桂、平南王尚可喜、靖南王耿精忠造反，用了八年时间平定了“三藩之乱”，如此英明神武的皇帝，他根本不满足汇报、奏书之类的材料，也不会只看事物的表象。

大运河的治理非常关键，关系着大清王朝的兴衰。康熙皇帝决定亲自去督察，只有自己亲眼所见，亲耳所闻，才能肯定张总督的业绩。

康熙皇帝为什么对自己挑选的张鹏翮一下子不放心了？这并非张鹏翮出了什么问题，而是与康熙皇帝小时候听过的一个故事有关。这个故事是康熙皇帝的祖母讲的，告诉他一个道理，世上不管发生什么事情，你千万别当真，就算是你亲眼所见，也未必是真的。有人会问难道亲眼看见的也有假的吗？这是否太玄乎？不是的，当你看完这个影响康熙人生的小故事，你也会支持他的想法。

据说有个儿媳妇手脚不干净，婆婆生病后，由她伺候，顿顿煮馄饨给婆婆吃。这时有人告诉婆婆，你儿媳妇没这么好心，一定偷吃了馄饨。婆婆将信将疑，就在窗门口望着儿媳妇送馄饨。有一次，她看见儿媳妇把手伸进碗里，抓起馄饨放在嘴里。婆婆见到媳妇便问：“今天，你有没有偷吃馄饨？”儿媳妇说：“没有啊。”婆婆说：“可我刚才亲眼看见你偷吃馄饨。”儿媳妇愣了一会，呵呵一笑，说：“没有啊。”婆婆又问：“我看见你用手从碗里拿馄饨放进嘴里。”儿媳妇说：“不是的，一片树叶落进碗里了，我将叶子拿了出来，想想馄饨的味道一定不错，就舔了舔叶子。”接下来，婆婆数了数混饨，一共十个，一个也没有少，这时才知道自己错怪了儿媳妇。

眼见的不一定是真的。这个小故事对康熙皇帝的触动比较大，让他此后做事更加谨慎，一步一个脚印。

因此，康熙皇帝心想：你们都说张鹏翮是清官、好官，那我必须去现场看看，他到底是不是如你们所说的那样。

张鹏翮，你准备好了吗？

此时的张鹏翮正站立在船头，得知康熙皇帝要来微服私访，着实吓了一跳。这一吓可比什么都厉害，张鹏翮掉进了大运河。水手马上来救他，可他推开水手，竟自个儿游上岸。张鹏翮虽然水平很好，能力很强，但却有一个致命的弱点，那就是胆子小。他没有贪污腐化，只是以前那次康熙微服私访，给他留下了深深的烙印，他差点儿被免职丢了性命，每每想起心里都会像被电击一样。

那是个冬天，康熙皇帝坐着龙舟来巡视，张鹏翮正命令施工人员不分昼夜地开挖河道，赶工期，然而却得罪了河道两侧的老百姓，因为老百姓的田地和祖坟有不少都被破坏了。这时有人向朝廷奏了一本，说张鹏翮是庸才，为了施工破坏了老百姓的庄稼和坟地。

张鹏翮捅老百姓的祖坟，康熙皇帝非常生气，大骂了张总督一顿。张鹏翮本来胆子就小，这下被吓得差点儿尿裤子。康熙皇帝何等聪明，知道张鹏翮是一片忠心，但是不处罚又说不过去。此时张英圆场说："陛下，大臣贪功不能受辱。"

康熙皇帝感觉张英说得有道理，便命张鹏翮戴罪立功。然而这给张鹏翮留下了后遗症，一听说康熙微服私访，便吓得浑身哆嗦。

当然吓过之后，还得想办法。张鹏翮是进士出身，能够考取进士的人不多，都是些聪明人。他知道让康熙皇帝放弃此次巡访比登天还难。皇帝是九五之尊，一言九鼎，是不会轻易改变主意的。

既然不能让康熙皇帝打消这个念头，那就只得掌握皇帝的行踪，只有知道行踪，才能更好地侍候皇帝，让皇帝开心和满意。

能够掌握皇帝行踪的人，眼下只有三人，分别是三德子、李光地和张廷玉。三德子是康熙皇帝的贴心太监，如果找他，他把这事告诉康熙皇帝，自己的小命堪忧。李光地虽是皇帝的人，但是此人深不可测，不好打交道。在大清朝，拿了钱财不办事的官员不少，这种人非常狡猾，想让他们帮忙难于登天。

这下，摆在张鹏翮面前的人选就只剩下一个人——张廷玉。张廷玉年轻，好说话，而且他与张廷玉家有非同寻常的渊源。这不是五百年前都是一家人的缘故。张鹏翮是张英的学生，可以说是张廷玉的师兄，平时两个人关系不错，逢年过节，张鹏翮还总要去张家拜访。

可张鹏翮这个师兄对张廷玉的了解不够啊，张廷玉现在是皇上身边的大红人，前程似锦，怎么会为了师兄的一点点小事而毁了自己的大好前程？

如果不是这样，张廷玉后来又怎么能够坐到宰相的位置？然而后来事情的发展，确实让我刮目相看，张廷玉确确实实把康熙皇帝的行踪一五一十地告诉给了张鹏翮。

张廷玉，你犯傻了，你的政治命运将受到严重考验！

泄露行踪

张廷玉随康熙皇帝坐龙舟进入清江浦，此处就是现在的江苏省淮安市，是中国运河之都，也是京杭大运河的枢纽。此时张廷玉收到一份邀请函，是张鹏翮总督派人送来的，是要邀请他去喝酒。

遇上有人请客喝酒，许多人开心都来不及，但是张廷玉却没有一丝开心，反而非常恼火：这位张师兄脑子真不好使啊，我陪皇帝出来巡视，根本没有时间出来喝酒。他是怎么当上一方总督的？其实也不是张总督傻，他急于见到张廷玉，可又苦于没有更好的点子。

张鹏翮面对小师弟张廷玉的拒绝，没有放弃自己的努力，他想：为了获得皇帝的青睐，最理想的办法就是把张廷玉拿下，让他为己所用。但是张廷玉是皇上的亲信，要拿下他绝非易事。在困难面前，张总督并未退缩和气馁，而是迎难而上，他坚信，这个世界上没有完成不了的事情。

于是，张鹏翮使出了绝招——送礼。这礼不是金银财宝，如果是金银财宝，他相信张廷玉是不敢也不会收的。这份礼物是土特产，不是本地江苏所产，而是来自浙江杭州的。此刻恰逢五月，金黄黄的塘栖枇杷正盛产。当张廷玉收到枇杷时，犹豫片刻，但是他还是收下了，这让张总督非常满意，他知道一个道理：拿了人家的东西手软；吃了人家的东西，嘴短。张廷玉吃了枇杷，一定会为己所用，然而结果却让他这个总督意想不到。张廷玉收了塘栖枇杷，但是没有自己吃，而是将其献给了康熙皇帝。康熙皇帝知道塘栖枇杷的大名，对塘栖枇杷喜爱有加，可以说念念不忘，每年五月总要尝个鲜。康熙皇帝在江苏吃了又甜又软又香的塘栖枇杷，他夸奖了张廷玉，说小伙子聪明能干，办事周道。

次日早上，张总督亲自找到张廷玉，他们在内屋坐下来。张廷玉说："张大人，这几天向小弟献殷勤，是不是有什么事需要小弟帮忙啊？"

张鹏翮说："正是，有一件事情只有张师弟能帮上忙。"

"那请快说。"

张鹏翮压低声音说："我要知道皇帝的行程安排。"

"皇帝的行程安排是机密，我不能泄露。若此事被皇上知道，你我都要完蛋。"

"可此事只有你能帮忙啊！"

"我不会说的，你死了这条心吧。"

"这事不是为了我。"

"你说什么？"

"这是为了运河两岸的百姓。"

"请你把事情说清楚。"

"运河两岸的百姓天天守在河道边，迎接皇上巡查。如果我知道皇上哪天去哪里巡查，就不用让百姓天天守在河道边了。这种劳民伤财的事情完全可以避免。"

张廷玉注视着自己这个师兄，原来此人心里装着百姓，怪不得百姓和官员都评议他是好官，并非徒有虚名。

张廷玉经过深思熟虑后，知道张总督是为了百姓，这是对的，他决定帮这个忙，这样自己才可问心无愧。

后来，康熙皇帝巡视了运河上的几处工程，感觉相当满意，对张鹏翮刮目相看。

然而一个不好的消息传来，太监三德子向康熙皇帝报告，说张总督表现这样好，是因为他知道了陛下的行踪。

康熙问："他怎么知道朕的行程？"

"回皇上，是张廷玉透露给他的。"

康熙皇帝非常吃惊和愤怒，马上传见张廷玉，要追查泄密一事。

来到康熙皇帝身边后，张廷玉立即"扑通"一声跪倒在地，把事情的经过原原本本地说了，然后脖子一伸，等待皇上的严厉惩罚。

"你为什么要帮张鹏翮出卖朕？"

"皇上，下官为皇上着想啊！这样可以让张鹏翮带更多的人来迎接皇上。"

康熙皇帝狠狠瞪了他一眼，站起身，直逼到张廷玉面前。张廷玉见康熙皇帝举起双手，心想这次挨打是逃不过了，说不定还会丢掉小命。但是康熙皇帝的手在空中停留片刻后，结果让张廷玉做梦也想不到的是，康熙皇帝轻轻地把他拉起来，说："为了百姓，你做得对。我作为皇上，还不是替天下百姓着想，让他们过得好一些啊！"

之后，这件事在官场传开，张廷玉的知名度大增，大家对张廷玉钦佩极了，说他是一个真正为百姓办事的好官。

皇上、官员是舟，百姓是水，百姓可以载舟，当然也可以覆舟！

母亡被夺情

张廷玉在皇帝身边做了四年秘书，干得四平八稳。康熙皇帝正要提拔他时，突如其来的一件事，几乎让张廷玉离开皇上，离开京城。

这件事情不是张廷玉本人出了问题，也不是皇上故意排遣他，而是一件家事——张廷玉的母亲姚氏去世了，这是康熙四十七年（1708 年）的一个春天。

姚氏虽然是女流之辈，但是在张家却地位极高。张英曾说过，他的话，几个儿子可能不听，但姚氏却一言九鼎，从来没人敢违背。姚氏秀外慧中，对孩子非常爱护，尤其喜爱张廷玉这个孩子。

在清朝，当官的给去世的父母守孝三年，叫作丁忧。一边是即将在仕途上的飞黄腾达，一边是世上挚爱的母亲离世，如何选择对许多人来说是个非常艰难的事情。多数人以为张廷玉要选择夺情，因为这关系着张廷玉一生的事业。但是张廷玉却做出了一个令人意外的决定，他果断向皇上请假要给母亲守孝。当然他清楚地知道三年之后，也许皇上早把他遗忘，皇上身边也早有了新秘书。可为了纪念慈母，张廷玉暗下决心：就是一生平平淡淡、碌碌无为，也无怨无悔。

张廷玉把准备丁忧的奏书写好后，正要奏明皇上。这时，一个人出来劝阻了。此人不是母亲姚氏的仇人，恰恰相反，却是母亲最爱之人、自己的父亲——张英。

张英没有赶来京城，而是写了一封长长的家信，概括出来就是一句话：世上的忠与孝两者从来都不能两全，为父希望你要为国家尽忠，家里的孝尽由你兄弟几人来负责。张廷玉捧着这封书信，潸然泪下，他完全读懂了父亲的一番良苦用心，但是他与母亲的感情太深厚了，不让他回家尽孝，他几乎办不到。

张廷玉从小到大都是父亲眼里的乖孩子，从来不敢公然违背父亲的意思，但是这次他做出了自己的选择，毅然决然地将丁忧奏书呈送了上去。

康熙皇帝遇上官员丁忧，都会放一马的，他深刻地懂得一个道理：一个人若不能对父母尽孝，凭什么指望他会对皇上尽忠，对国家尽忠，因此他极看不起那些为了官位便主动提出放弃丁忧的官吏。对自己的亲生父母尚且如此，还怎么可能会对他人、社会、国家好呢？要想这类人变好，除非太阳从西边升起。

张廷玉在将丁忧奏书呈送给皇帝后，便马上收拾行李，这样在收到批准文书后便可以立即赶赴安徽老家。现在什么都准备齐全了，只差东风——批准书，但是左等右等就是不见批准书。张廷玉傻了，他想这不符合康熙皇帝的办事风格啊！他决定亲自去见皇帝提出要求。当他叩见康熙皇帝说明来意后，康熙皇帝给了他一个意想不到的回复——不准你回家守孝。

张廷玉吃惊地问："陛下从来没有不批准守孝的吧？"

"张爱卿，给你一周时间，你去给老母诵经超度吧！"

张廷玉在皇上身边多年，从来没有遇上过这样的难题，皇上给自己

一周的时间守孝，可京城回安徽，即便骑马也要一周的时间，怎么可能去诵经超度，是不是皇上说错了？

张廷玉正疑惑地注视着皇上，康熙皇帝马上给了一个完整的答案：你去郊外的法华寺给你母亲诵经超度吧。

法华寺就在京城郊外，到那边也就一两个时辰。张廷玉这才知道皇上说得没错。

面对皇帝的金口玉言，张廷玉只得勉强表示同意。当他迈着沉重的脚步走出紫禁城时，抬头仰望天空，泪水流满了脸颊。皇上的决定让张廷玉万分痛苦，但是他又不得不去接受这个现实。刻骨铭心的痛，就是失去至亲至爱的家人，又不能陪伴在身边。

康熙皇帝的这个安排，不是他老人家离不开张廷玉，而是张英的一封恳求信。张英说，自己有六个儿子，儿子多，就让张廷玉留在京城，为陛下、为朝廷尽忠吧。

康熙皇帝听听也有道理，一是张英儿子多，尽孝的人多，二是张英是宠卿，他的薄面还是要给的。

张廷玉这个尽孝的机会就这样被无情地剥夺了，剥夺之人正是他自己敬重的父亲、母亲深爱的夫君！

爱一个人往往会保护、呵护对方，但是有时却恰恰相反，可能会让他失去应有的付出，或者牺牲最宝贵的情义！

为父丁忧

从法华寺为母亲诵经回来，张廷玉沉浸在深深的悲伤之中。每天上朝，他总是恍恍惚惚，眼前时常出现母亲那慈祥的面孔。同僚们能理解，康熙皇帝也能体谅，母亲去世，遇上谁都一样悲痛，如果这个儿子整天嘻嘻哈哈，大口喝酒、大块吃肉，必定会被大家指着脊梁骨痛骂！

张廷玉正在悲痛欲绝之中，另一个非常不幸的消息传来：父亲张英病重。原来自从老夫人去世后，张英整个人都快垮掉了，虽然不让二儿子张廷玉返回，自己却整天以泪洗面。在封建社会，女人地位虽然极低，只要有钱，多娶几房老婆实属正常，但是姚氏却完全不同，她除了给张英生了九个孩子外，在张英心目中的地位非常重要，无人可以替代。

张英身体本来不佳，哪里经得起这种打击，不久就病得卧床不起。张廷玉收到来信，内心非常焦急，他要回家探亲，但是这次皇上会批准吗？他为母亲守孝都不批准，探病更加不会轻易批准吧。

但是只要有一线希望，张廷玉便不会放弃。他写了一份探病奏书，亲自向康熙皇帝汇报。

康熙皇帝听说张英病重，从龙椅上腾地站了起来。张英张爱卿，是自己忠实的干将，为大清立下汗马功劳，一定得让他好好养病。

康熙皇帝对张廷玉说："张爱卿，你带上御医立即回家，千方百计也要将你父之病治好。"

张廷玉露出久违的笑容，高声说："微臣遵旨，谢主隆恩。"

这让大臣们很是羡慕嫉妒，同时大家也钦佩皇上。遇上重情重义的好皇帝，大臣们累死苦死也值得啊！

这就是所谓的皇恩浩荡。

随后，张廷玉和御医快马加鞭来到安徽桐城老家。此时，张英已病入膏肓。

张廷玉火急火燎地对御医说："不管用什么方法，一定要治好我父亲的病。"

御医也没说话，只是愣愣地望着张廷玉。

"你说话啊！"张廷玉大声说。

"给老大臣吃好点，照顾好点吧。"

"什么意思？"

"老大臣的病已回天乏术。"

张廷玉面对残酷的现实，只得听从御医的意见。这就是宿命。此后，张廷玉亲自照顾父亲，时时嘘寒问暖，但是张英在人生的最后时刻，还在替张廷玉着想，分析天下时局，让他坚定不移地做皇帝的人。

张廷玉曾经想与太子交往，成为太子之人，希望成为未来政局的核心人物。但张英告诉他，太子不一定能当上皇帝，因为太子不聪明，而

且现在有实权的皇子众多，太子不一定能成功。

后来的情形果然被离京城千里之外的张英言中。

张英望着儿子张廷玉，他知道儿子的水平、能力不在自己之下，智商、情商也比自己高，相信他此后取得的功名一定不在自己之下。

这年（康熙四十七年，1708 年）的冬天，张英终于含笑九泉……

张英去世后，张廷玉马上向皇上写了一份守孝奏书，要求丁忧。这次张廷玉也不抱多大的希望，当官之人，身家性命都已卖给了皇家。

此时张廷玉得到了一个不妙的消息，朝廷形势严峻。太子气焰嚣张，经常不考虑康熙皇帝的感受。面对这个不争气的儿子，纵使权倾天下的康熙皇帝也无良药可治，只得经常唉声叹气、愁眉苦脸。这是一场“现任皇帝”与“未来皇帝”之间的对抗。可想而知，康熙皇帝一定希望身边能多一个帮手，不会批准他请假的。

但是结果却让张廷玉很是意外，康熙皇帝批准了他的请求，同意他守孝三年。这次康熙皇帝为什么会同意？道理非常明显，首先，张英是大清帝国的功臣，应该享受的待遇，一样不能落下；其次，张英当过太子的老师，皇上不想让与太子胤礽有半点关系的人留在身边，影响自己的决策。

应该属于你的东西，不一定是你的。然而太子却不明白这个道理！

有人爱把太子比作皇上，那就更错了。太子就是太子，他绝不是皇上，其实太子离当上皇上的路还很漫长。

守孝三年，像上天有意安排一样，让张廷玉远离宫廷内斗，保持了一个清白大臣的身份。这次内斗，答案不说，你也会知道的，太子胤礽最终被康熙废黜。

致命的软肋

张英去世后，前来吊丧的官吏、商贾、百姓络绎不绝，但是有一个人却给张廷玉留下了十分深刻的印象，此人就是安徽巡抚刘光美。当他离开，张廷玉将其送至门口时，他说：过段时间有事要请教张廷玉。

刘光美是巡抚，从二品，级别比张廷玉高得多，资历老，朋友多，也是张英的学生。他能有什么问题要向自己请教的呢？

张廷玉不知道何事，当然也没空多想，守孝才是自己眼前的头等大事。

过了十多天，刘光美果然来到张府。张廷玉面对这个师兄，不敢怠慢，亲自在门口迎候。

刘光美直奔主题，说张廷玉是皇上的秘书，知晓皇家的事儿，他问张廷玉应该不错的。张廷玉跟随皇上，知道皇上的脾气、性格，但这是朝廷机密，说出去是要丢官丢命的；不说出来吧，就会得罪眼前这位地方大员。张廷玉是何等聪明之人，面对问题，他始终保持着头脑的清醒，把握尺寸到位，皇上的事儿绝对不能泄露半句，就是打死也不泄露，这就是原则。

刘光美巡抚也不简单啊，一步步爬到巡抚的位置，花了多少精力和心血，想糊弄他也比较困难。刘巡抚的优点也是他的缺点，就是爱拍马屁。他最初拜张英为师；张英辞官后，他便跟随了索额图；索额图倒了，他便投在八阿哥胤禩门下。不管主子是生是死，是升是退，光鲜华丽的刘巡抚在官场“涛声依旧”。

张廷玉是绝顶聪明之人，不管刘巡抚怎么追问，他就是装傻，仅说三个字：不知道！

刘巡抚的忍耐是有限的，他决定使出亮锃锃的撒手锏。

“我是八王爷的人，不说出来就是不给八王爷面子。”

“八王爷算什么？”张廷玉轻声说。

“你说八王爷算什么东西？”

张廷玉说：“刘大人不要冤枉我，下官没有说八王爷是东西。”

“那你是说八王爷不是东西？”

“下官没有说啊。”

“不管你有没有说八王爷是不是东西，你都犯了大不敬啊！”

“啊，怎么有这种道理？”

刘巡抚瞅了张廷玉一眼，像捡到一只金元宝一样，开心地扬长而去。

刘巡抚刚走出大门，小华子便对张廷玉说："大人，你闯祸了！怎么能得罪八王爷呢？"

"这也算得罪啊。"

"遇上刘光美这种小人，他会添油加醋告状，看来我们要倒霉呀！"

当天晚上，张廷玉在床上翻来覆去，终于想到一个破解之策。刘光美既然是小人，那他定会贪财，何不送点钱财堵住他的嘴？但是刘光美是一方诸侯，是见过大世面的，一般的礼物是拿不出手的。

张廷玉思前想后，家里确实有一件宝贝，可以让刘光美见了眼馋，拿了手软，这就是镇宅之宝——千年野参。在张英生病期间，张家曾托人用巨资购得一颗千年野参，让张英滋补，但是张英自知大限将至，说自己反正也快死了，吃了也是浪费、糟蹋。

刘光美收到张府的千年野参，非常开心，暗暗赞许自己道：只要耍点儿小聪明，发财的机会还是很多的。

刘光美是只老狐狸，他收下千年野参，但是却没有打算放过张廷玉，而是变本加厉地提出另一个要求，让张廷玉拜在自己门下，听任他的摆布。

张廷玉面对这位收礼不办事的刘巡抚，往地上吐出大口唾沫，狠狠地说："刘光美，你在做白日梦。"当然，张廷玉是在自己家里说的，声音又不高，不要说刘光美不可能听见，就是家里的佣人小华子也没听清楚。如果让他们听见了，这也就不是张廷玉了。

张廷玉满怀政治抱负，要为皇上、国家、天下百姓做事，如果只为一个政治团体做事，这不是真正的张廷玉。但是八阿哥是何许人物，他是皇上的爱子，也是最有实力的皇子，如果要动他张廷玉就如同踩死一只蚂蚁一样简单。

刘光美给出了三天的期限让张廷玉答复。张廷玉情绪低落，感觉自己像风雨飘摇的烟雨楼，随时都可能崩塌。但是张廷玉并不理睬刘巡抚的那套，因为他不会违反原则，也不会突破底线，他也不惧怕露出狰狞牙齿的疯狗。

就在张廷玉处于人生的低谷时，一件意想不到的事情发生了。康熙四十八年（1709 年），上天与安徽百姓开了个大玩笑，一场百年一遇的洪水来袭。然而正是这场令人深恶痛疾的灾难，却帮了张廷玉的一个大忙，让他从刘光美的魔掌中逃脱。

安徽桐城遭遇大洪水，百姓淹死的淹死，逃难的逃难，一派萧条，民不聊生。在灾区的土地上，从巡抚到知县，面对突如其来的洪灾都慌了手脚。衙府中的银两不能拿来赈灾，那是官员以后要用的，而官员家里的银子又是私人财产，这更不能动用。老百姓是生是死，关我什么事，这是刘巡抚的为官态度，也是许多官员的真实想法。父母官不作为，灾区百姓的死亡人数直线上升。但是刘巡抚是能人，有办法啊，他要求各府压缩上报死亡人数，减少政治舆论压力，并虚拟了两道捷报，“官员、百姓齐心合力共度灾难，创建美好家园”，以此给自己加分，争功劳。

当然也有例外，丁忧中的官员张廷玉带头向百姓捐钱捐物。张廷玉毕竟是京官，他以身作则振臂一呼，前来赈灾的官吏、商贾、地主也渐渐多了起来。百姓们对张廷玉感恩戴德，大喊张廷玉为青天，有的人还把他的事迹写成了材料向朝廷汇报。

现在发生的，似乎一切都不是问题，都在刘巡抚的赈灾计划之中，但是计划却赶不上变化，突然，朝廷派来个钦差大人，此人就是左都御史富宁安。富宁安是一位务实公道的官员，他抵达安徽之后，便直接去灾区走访，很快掌握了第一手资料，马上给康熙皇帝奏报。

康熙皇帝在了解安徽实情后，将刘光美的折子狠狠地扔在大殿之下，骂道：“可恶，可恶！”随后，康熙皇帝下旨：“刘光美赈灾不力，虚报功劳，连降三级，以儆效尤。”

由此，刘光美臭名远扬，政治生涯黯然失色。昔日的领导、同僚对刘光美失去信任，其中也包括八阿哥胤禩，他非常愤怒地骂道：“狗奴才！本王爷差点儿就上了你的当啊！”说完，他迅速将刘光美从自己的团队名单中剔除。

刘光美的美好前程如流星一般，说不见就不见了。一夜之间，他从“家犬”变成了“丧家之犬”！

张廷玉解放了，他摆脱了这条恶犬的纠缠。康熙皇帝对张廷玉这种捐钱捐物的举动大为欣赏，也进一步认清了这个小伙子，此人心里装着国家、百姓。古话说，人为财死，鸟为食亡。但是张廷玉为官并不为钱财，这是难得的清官啊，也是自己苦苦寻找的好官。

张廷玉丁忧期满后，马上便被调回南书房，继续当皇上的秘书，而且还是贴身秘书。康熙五十一年（1712 年）二月，朝廷又要举行会试。考官，是一个肥得流油的肥缺，大家暗中角力。而康熙皇帝则把张廷玉安排了进去，任为考官，实际是在监督其他考官。

张廷玉，出人头地的好日子在向你招手！

第五章 在太子身边

好运的太子

太子胤礽是含着金钥匙出生的幸运儿，是康熙皇帝的次子。此人运气好得离谱，在他不会吃不会穿、连亲生父母亲的称呼都叫不准时，便被指定为大清帝国的接班人——太子。这一年是康熙十四年（1675年），那年他刚满一岁。

本来胤礽是没有资格坐上太子宝座的，因为大清帝国的皇位继承人是由贵族会议商议推定的。而大家怎么会去推荐一个吃喝拉撒还都不会的婴儿当太子呢？谁知道他将来会怎么样？怎么能放心把未来的天下交给一个不了解之人呢？然而这个“优良传统”被一个人破坏了，此人就是孝庄皇太后。她用个人决定的方式让儿子福临继位，是为顺治皇帝。顺治皇帝感觉这种继承法实惠，自己让谁当太子谁就是太子，省得争来夺去……为减少家族内部矛盾，后来到康熙皇帝亲政后，他继承了其父的作风——自己挑选太子，而且还选中了一个一岁的孩子。

胤礽当太子也并非天上掉馅饼那般幸运，而是有四大深层次的原因的。首先，他是嫡长子，是赫舍里氏皇后的儿子。其次，是当时严峻的形势所需要的。当时以吴三桂为首的“三藩”造反，占领了大半个中国，早立太子可以稳定军心和民心。再次，智擒鳌拜中，赫舍里氏家族功劳大，特别是赫舍里氏皇后的祖父索尼，这是对他们家族的认可。最后，是康熙皇帝本人对赫舍里氏的怀念。赫舍里氏生下胤礽不久便病死

了。康熙皇帝非常喜欢自己这个老婆，立其子为太子也是对爱妻深切的怀念。

康熙皇帝指定胤礽为太子，足以说明他对这个孩子的喜爱。康熙皇帝为了培养这个未来的帝国接班人，把天下最有实力的大臣派去给胤礽当老师。他相信有这些能人异士相助，太子一定会出类拔萃，成为一代明君。康熙皇帝派遣的大臣中，有文渊阁大学士李光地、翰林院掌院学士熊赐履、内阁学士兼礼部侍郎汤斌、文华殿大学士张英等，这些人都是太子的老师。

太子胤礽天资聪颖，五岁就系统接受了儒家传统思想，七岁就通晓两种文字——满文和汉文，会背诵四书五经，同时也习武，会骑马射箭，行军布阵，这让太子有了“崇文宣武”的治国理念。

在名师的指导下，太子胤礽读书相当用心。他遵照康熙皇帝的要求“书必背足 120 遍”，背了《礼记》120 遍。老师汤斌在旁边听他背诵，并做记录，发现无一错点，不禁“惊奇不已”。

太子胤礽成人后相貌堂堂、身材魁梧、举止大方、仪表不凡。此后，康熙皇帝在亲征噶尔丹时，命时年 22 岁的太子留守京城，这也是对太子的信任和历练。

太子胤礽成了众皇子羡慕嫉妒恨的对象，但却身在福中的胤礽却并不知福，他不满足现在的地位、权力，正是这些原因，将使他遭遇人生的第一次挫败！

一废太子

太子胤礽虽然相貌好、学识好，但却有一样不好，那就是脾气不好。性格非常关键，决定人的命运。太子胤礽脾气极差，对臣子、手下态度极恶劣，不是谩骂就是殴打。一个人，即便有最好的知识、最帅气的长相，如果脾气不好，那也一样完蛋。

康熙皇帝得知太子胤礽的情况后，后悔不已，他知道自己注重了学识教育，少了思想道德教育。补课已经来不及了，但是康熙皇帝还是提出补课，即使死马也要当活马来医，他马上聘请张英任太子的思想课的辅导老师。然而自从张英当老师后，太子胤礽思想觉悟不但没有转变，反而越来越离谱。难道是张英的能力有问题吗？当然不是。张英是官场老手，深谙与上级的关系，而且这个学生非常不简单啊，他是未来的皇帝，多少人抢着巴结还都来不及，他怎么会严厉批评？当然张英对太子的批评教育也是有的，不过却很含蓄，说话拐弯抹角。张英这种隔靴搔痒似的劝告、教育，太子哪里听得进去。太子心想：老家伙再啰唆，等老子坐上皇位，有你好果子吃！

张英虽然贵为“宰相”，但在与未来皇帝的交锋后，也失去了往日的雄心，蔫头耷脑地侍候、听命，根本不像是一位威严的老师。张英丢了面子，但是聪明的张英却感觉自己没有丢失什么。太子与当今圣上一样重要，只能讨好，不能得罪。其实康熙皇帝寄希望张英来完成这个艰巨的任务也不现实，张英只是一个汉臣，怎么能管得了太子？再说即使是康熙皇帝自己，普天之下的主宰者，虽能治理国家，但也未必能管好自己的儿子。

太子胤礽从悖逆、对抗，走到变坏，这是一个质变的过程。张英作为太子的老师，要承担全部责任就是冤枉他了。张英有放纵不管的嫌疑，当然即便是让他管，他也管不了啊！

太子胤礽的“变坏”，概括一下有以下几方面的原因。

首先是贪婪。

太子胤礽大把大把地使用大内的银子还不满意，还将手伸向地方官员，只要有人送礼，他就敢收，不送给他，他也会有办法解决，就是索要。有一次，他还把外国使臣的贡品挪为己用。

其次是越权。

太子胤礽经常在皇上面前辱骂大臣，很不给康熙皇帝面子，甚至连皇上交办的差事也会修改或打折扣。这就犯了大忌。你可以收钱，可以玩女人，但是你可不能改动皇帝老子的意见。皇帝老子想，朕还在位，你小子就敢改动我的命令，当朕升天后，你还不变本加厉地更改我颁布的旨意？

最后是不孝。

有一次，康熙皇帝得病了，可太子胤礽却没有去请安、慰问，反而独自在府内手舞足蹈地开心。

康熙皇帝面对这个宝贝儿子，还是忍住了。他希望这个儿子长大一点儿后会懂事，然而事与愿违，胤礽越大越不懂事，越大越不收敛，做的事情常常让康熙皇帝失望。康熙皇帝曾经多次想废掉太子胤礽，但是有一个人却帮了胤礽的大忙，此人就是过世的赫舍里氏皇后。康熙皇帝与她的感情很深，看在皇后的面子上，他也下不了手。

这给太子胤礽一种错觉，还以为是父皇怕他。历史上，三十多岁、四十多岁就驾崩的皇帝比比皆是，而康熙皇帝现在都五十多岁了，却还精力旺盛，胤礽心想不知道自己猴年马月才能接班。胤礽的想法不仅错误，而且不能领悟父皇康熙的一片苦心，反而变本加厉，越走越远。

这时，有一件非常意外的事情发生。有人汇报，夜幕降临后，太子胤礽经常逼近康熙皇帝所在的行营大帐，在外面探头探脑，向里偷看。康熙皇帝知道后不信，当他亲自查看时，竟看见自己的宝贝儿子如小偷一样在偷看自己。

康熙皇帝一打听，才知道这是胤礽盼望自己早点儿归西，他才可以坐上高高在上的皇位。康熙皇帝的心灵严重受伤，老泪纵横，天下竟有如此不孝之子啊。康熙皇帝火冒三丈，果断出手，将太子废除，进行软禁。

不孝之子从来不会有好下场的，即使是皇子，也不例外！

秘密任务

张廷玉回到京城后，恢复了在南书房的职责，继续替康熙皇帝当秘书。康熙皇帝对张廷玉非常信任，重要事情总交给他来办，包括替自己拟旨，由此可见张廷玉在康熙皇帝心目中的地位和作用。

张廷玉博古通今，在文学、书法上也有一定造诣。他文笔严整、语言流畅、句句押韵、字体优美，他撰写的圣旨深受康熙皇帝喜爱，朝中大臣也自愧不如，众人一致认为张廷玉前程似锦。

然而花无百日红，张廷玉即将遭遇挫折，因为康熙皇帝要对他动手了。

那天，康熙皇帝上完朝，大家正准备退去，突然，康熙皇帝指着张廷玉大声说："张廷玉，你现在脑子里想什么呢？"

张廷玉愣住了，像一个傻小子似地站在朝堂中央。许多大臣幸灾乐祸地等着看好戏：张廷玉是皇上的心腹，让皇上大发雷霆，必定是越过了皇上的红线，这回有好果子吃了！

康熙皇帝毕竟是文人，也不会骂脏话，但是他说的每一句话，都像一把锋利的尖刀刺进张廷玉的胸口。

张廷玉听了好久，康熙皇帝虽然严肃批评，但却没有指出具体问题，这让张廷玉非常苦恼，你责骂我，羞辱我，总得告诉我做错了什么啊？你也得让我心服口服啊！

康熙皇帝越不说，张廷玉就越焦虑，大臣越好奇，心想这个傻小子一定是惹得皇上愤懑，让皇上这样地批评。

天下最痛苦的事情是领导批评你，你却还不知道自己的错误是什么。

张廷玉快要崩溃了，自己十年寒窗就这样完蛋了。在朝廷里，落井下石、痛打落水狗一直是某些人的"优良传统"。有不少人跳出来责难张廷玉，有人指他平时如何目中无人，见了大臣不理不睬……也有些大臣喜欢装好人，耍两面三刀，装出非常难过的样子，看着张廷玉直摇着头，一副恨铁不成钢的样子。

正在大家蓄力发动新一轮进攻时，康熙皇帝没给他们机会，公布了张廷玉的过错，说他写圣旨的字迹太潦草，其中还有一个是错别字。这是多么大的过失？是错一个字，又不是错杀一条人命啊！但康熙皇帝却指出张廷玉有严重的态度问题！

这下子，对张廷玉来说，革职、坐牢的处理是太重了，但却不可能继续在皇上身边当差了。

康熙五十年（1711 年），张廷玉去了一个新的工作岗位，侍候刚被复立的太子胤礽，官职为太子洗马，也就是太子的侍从官，从五品。

一个被废过的太子，在他身边当差，能有什么出息？

但是却一个好消息马上传来，那是在一个伸手不见五指的夜晚，太监三德子进入张府，让张廷玉进宫面君。

康熙皇帝向跪拜的张廷玉笑着说："张爱卿，朕给你一个重要的任务。"

"陛下，微臣定誓死效劳。"

"朕派你去太子那边，因为你是朕身边的人，太子有什么举动，你要及时向朕汇报。"

"臣遵旨！"

自古以来，最激烈的权力斗争便在宫廷之中。张廷玉一不小心，改头换面，开始从事"地下工作"，进入"潜伏"生涯！

再废太子

康熙四十八年（1709 年），太子胤礽被复立。胤礽非常高兴，终于可以东山再起。能让他复立的是一个死人，此人就是皇后赫舍里氏，自从废除太子，康熙皇帝就感觉有点儿不妥，总觉得对不起一个人，那就是自己的皇后赫舍里氏。经过无数次痛苦的挣扎，康熙皇帝决定再给胤礽一次机会，如果他能痛改前非，好好做人，这个天下还是他的。康熙皇帝是个大政治家，当然有手腕，他要考验废除过的太子。经过周密的安排，张廷玉就这样粉墨登场了。

胤礽得知张廷玉过来当侍从官，深感不妙，张廷玉是皇上的亲信，派他过来分明是监视自己。但是一个好消息传来，这次张廷玉是被贬过来的，临别还被皇上骂得狗血淋头，皇上应该对他失去了信任。但是太子胤礽也是聪明人，打算观察一下，核实张廷玉的真实身份。

张廷玉进入太子府，表现得相当老实，不打听的从不打听，不该看的绝对不看，从不发表个人意见，也从没有对太子不敬，这让太子胤礽放心了，认为张廷玉不会是皇上派来的卧底。

不久，太子胤礽的老毛病又犯了，开始飞扬跋扈，骄奢淫逸，但是对张廷玉却相当好，从没把他当侍从者而是当作老师来尊敬、尊重。

一般来说，别人对你好，自己应该开心快乐才是。但是张廷玉却一点儿也不开心，反而非常内疚和自责，你对我如此仗义、友好，我却是来监督你的。但是这是工作，也没有办法！张廷玉每天用眼睛记录太子的一举一动，例如太子见过哪些人，再通过太监三德子把情报传递给皇上。

太子接触的都是朝中实力派人物，比如刑部尚书齐世武、兵部尚书耿额、八旗都统和副都统等人。太子经常请他们过来喝酒品茶聊天，其中步军统领托合齐父子去得最频繁。

这些人见太子这般真诚、友好、热情，把他们当自己人，当然非常开心。这是千载难逢的机会，太子是未来的皇上，靠着这株大树，就是给自己将来的荣华富贵买了保险，当然这只是他们个人的美好愿望。

张廷玉把这个情报送出去后，吓出了一身冷汗。他预感到太子迟早要出事，但是他不敢也不能劝阻太子。太子难道会被定罪吗？他无非是与大臣喝酒品茶而已。

当然会的。

那天，太子和托合齐等人谈话，张廷玉在旁陪侍。

托合齐说："殿下，我们听您的。"

太子说："我听皇上的。"

一会儿，太子叹了口气，又说道："皇阿玛身体硬朗，本太子也不知道有没有命来接班啊！"

托合齐说："殿下年轻有为，将来管理国家会更加出色啊！"

张廷玉在旁边微笑。张廷玉是只老狐狸，人家说什么，他都不会表态，是个官场"老滑头"，谁也抓不住他的把柄。

当天晚上张廷玉辗转反侧，犹豫要不要把这个情报送出去。如果让皇上知道了，太子一定会被废除，大臣托合齐定遭杀身之祸；但是不汇报，皇上一旦知道了，自己将吃不了兜着走。

半夜时分，三德子来找张廷玉，传皇上要见他。当张廷玉见到皇上时，皇上问太子今天见了哪些人？说了什么话？

张廷玉犹豫片刻，太子对自己还算友好，本不该出卖他，但是皇上是自己的老板，自己也不能隐瞒啊！

康熙皇帝用锐利的目光注视着张廷玉，张廷玉苦笑一声，见隐瞒不过，只得一五一十汇报。皇上说："你还算老实。其实我早已知道太子的情况，无非是考验你而已。"

张廷玉吓了一身冷汗，自他为官之后，自己的身家性命便已卖给朝廷了。自己有许多无奈，不能左右许多事情，甚至包括自己的性命。

康熙五十一年（1712 年），景熙状告步军统领托合齐、刑部尚书齐世武、兵部尚书耿额、户部尚书沈天生、户部员外郎伊尔赛、八旗都统和副都统等人，假借以酒会友之名，与太子胤礽结党营私。

这正合康熙皇帝的心意，马上将步军统领托合齐、刑部尚书齐世武、兵部尚书耿额、户部尚书沈天生、户部员外郎伊尔赛等人收监审理。这些人当然不会说自己背叛朝廷，但是在动刑之后都交代了，不是串通太子夺权，而是受贿。

户部尚书沈天生、户部员外郎伊尔赛在包揽湖滩河朔工程时，肆无忌惮地受贿，当然其他官员也没少拿，比如刑部尚书齐世武受贿三千两白银、步军统领托合齐受贿两千四百两白银、兵部尚书耿额受贿一千两白银。

以往类似这样的罪名，也就判个充军或者坐牢，但是康熙皇帝露出狰狞的面孔，判决这些人全部秋后处决。理由只是一个，他们是太子党人。

这次太子篡权，让康熙皇帝的心灵彻底受伤，即使将他们杀了也不解恨，不解恨那有什么办法？答案是有的，将刑部尚书齐世武拉出来，活活绞死，然后锉尸焚之，以儆效尤。

随后，太子胤礽被废。这是胤礽在四年之内，第二次被废黜，这意味着他失去了最后的机会，永远与权力中心挥手告别。

胤礽非常沮丧和失落，但是我认为他应该高兴才对，因为这太便宜他了，以胤礽的性格，即便坐上皇位，也会没几年就把自己折腾完的，注定是个短命皇上。可此后的胤礽，居然活到了五十多岁，虽不是长寿，但是在那个年代却已经活得够本了。

真是有失必有得啊！

商议主帅

康熙皇帝将太子胤礽废除后，最受益的不是其他皇子，而是张廷玉，因为他立了大功。赏罚分明的康熙皇帝出手很大方，将他连升三级，提拔为刑部左侍郎，从二品。

康熙皇帝打压了太子胤礽一批人，以为自己位子更稳当，可以消停几天了，然而一个不幸的消息传来，西北地区的准噶尔部首领策妄阿拉布坦造反，已经占领西北的很多地区。

当时的西北地区，以回部为主。这些人长得人高马大，孔武有力，善于冲锋打仗，清廷要战胜这些叛军非常困难。

聪明的康熙皇帝决定集思广益。因为一个人的能力是有限的，俗话说，三个臭皮匠顶一个诸葛亮。于是，康熙皇帝召开了一次由重要大臣参加的会议，商议派谁挂帅出征。

张廷玉心里有一个合适人选，此人就是智商相当高的十四阿哥胤禵，而且胤禵自幼习武，并熟读兵书，小小年纪已经历过西南、西北多次战役，此人善于用兵，应该说是最理想的人选。

大臣见皇上询问谁挂帅去西北平叛，便像课堂上的小学生一样，纷纷出班推荐人选。

一等公、散秩大臣阿灵阿第一个站出来。他有多重身份，既是四阿哥的姨父，又是十阿哥的舅舅，在朝廷上很有威望。他建议由八阿哥胤禩挂帅，还滔滔不绝地阐明自己的立场，说八阿哥能文善武，很会用兵，善于带兵打仗，是一位出色的将军。

其他大臣也出来力推八阿哥，好像没有八阿哥，大清已无人可挂帅一样。

十四阿哥胤禵智商高，而八阿哥胤禩情商高，广结人缘，被叫为“八贤王”。看似一次普通的挂帅，实际是争夺未来的太子之位。谁掌

握了征西军队，谁就会实力大增，而有实力就有发言权。永乐大帝朱棣就是最成功的例子，他拥有征战的军队，最后就是用武力从侄儿那边夺得了权倾天下的皇位。

张廷玉预感到这个八王爷精心设计了一个方案，可他也没有合理的理由反驳，有些话又不能在朝堂上说，比如：八王爷从未带过兵打过仗，不懂用兵的奥妙；八王爷出征，大清可能会遭受一次劫难等。

可尽职的张廷玉仍然站了出来，向皇上跪下叩头说："微臣推荐一位将军——十四阿哥，由十四阿哥挂帅出征，必定平定叛乱。"

朝堂之上，不少大臣用愤恨的目光盯住他。

康熙皇帝当然知道，自己的这个十四子能征会战，小小年纪就已立下赫赫战功。

康熙皇帝的心房之门被打开，心情非常舒畅，终于有人与自己的想法相同，推荐了最佳人选。然而他却故意问道："张爱卿，你保举十四阿哥出征，你有什么依据？"

张廷玉把事先想好的八个理由一股脑儿倒了出来，比如什么活用兵法、军纪严、打仗不怕死等。

阿灵阿等大臣，见一条小鱼就想来搅浑一池湖水，都认为这几乎不可能，因此他们并不担心，有这么多大臣、老臣齐心协力地保举八阿哥，一个新上来的从二品，能掀起什么风浪？就是按照一人一票的票数来统计，也能把他压垮啊。但是阿灵阿却忘了此间的游戏规则，这里不是选举，不凭选票，再多的选票也是废票，只有一张票是有效票，那就是皇上的一张票。

康熙皇帝毫无疑义地选择了十四阿哥胤禵挂帅出征。

可见，有决定权的人一个就行，无决定权的人再多也白搭。

平定准噶尔

随后，十四阿哥胤禵为主帅、富安宁将军为先锋的平叛军队出发了。出发前，十四阿哥胤禵知道这次能挂帅是张廷玉帮的忙，决定亲自去张府表示感谢。

见到十四阿哥胤禵来府，张廷玉说："十四爷，你来得正是时候，微臣也有要事托您帮忙。"

胤禵笑了，说："张大人，你的事情就是我的事情。"

"好的，那您务必凯旋，这关系着我的声誉啊！"

胤禵笑了笑，说："我从不敢说大话，但是打仗却例外。你尽管放心就是。"

打仗是最难预测的，是力量、智力、胆量的较量，但是对于能够准确掌握打仗内在规律的将军，打胜仗似乎也并不难。

十四阿哥胤禵带领军队日夜赶路，不久进入西北地区，此时叛军正在乌鲁木齐。胤禵下令继续前进，而且加快速度。军队行了半天，突然下雨了。士兵见老天爷也来凑热闹，非常开心，认为主帅一定会让他们歇息。但是胤禵却命众人冒雨前进，不到乌鲁木齐不得歇息。这下子可苦了一众大兵，打仗本来要拼命，现在还没有打仗，就要被累垮啊。

叛军头领策妄阿拉布坦正在营房畅饮美酒，大将策零敦多布进来汇报，大清十四阿哥带领军队进入乌鲁木齐外围。策妄阿拉布坦带领众将前去观察，见真是天公帮忙啊，此时正大雨如注，清军个个都会被浇成落汤鸡。策妄阿拉布坦很自信，清军在下雨天是不会行军的，即便到了乌鲁木齐城外也要休整三天才能开战。

大将策零敦多布马上向头领献计说："元帅，我们现在马上进攻，清军必败。"

策妄阿拉布坦说："你的建议非常好，但还不够完美。"

大将策零敦多布抬起头，仰望着元帅。

"让清军睡一夜，明天天亮，我们进攻，因为他们连日赶路，伤了元气，休息一夜之后，他们会更加累，那时我们进攻必胜。"

策零敦多布点点头，竖起了大拇指。

策妄阿拉布坦有一个习惯，那就是半夜挑灯看书。此时，他正在灯下看兵书，突然间厮杀声四起。他跑出营帐外，只见大批清兵举着火把攻来。策妄阿拉布坦面对四周都是杀气腾腾的清军，做出了一个明智

的选择——逃跑。因为这位主帅深深懂得一个道理：千军易得，一将难求！

叛军见主帅跑了，便纷纷败逃。清军杀得非常顺手，砍头如切瓜一般，叛军死伤无数。

策妄阿拉布坦逃了数十里路，见清军没有追杀过来，回头清点人数，只剩下了一半人马。策妄阿拉布坦心想，打不过就逃，这十分正常啊，难道还要指望我们站在原地被你们赶尽杀绝啊。

策妄阿拉布坦在逃跑的路上，心生一计，只要这个计策得以实施，对大清帝国将是一次沉重的打击！

而十四阿哥胤禵在打败策妄阿拉布坦后，预料到这位叛军头领绝不会善罢甘休，但是由于当时情报不易搜集，他也不知道对方下一步要干什么。

十四阿哥胤禵命令军队作好随时战斗的准备。不久，探子来报，说策妄阿拉布坦被吓跑了，他的军队也失踪了。

失踪往往隐藏着危险，这让十四阿哥胤禵非常担心。副将说："没事，策妄阿拉布坦失踪也正常啊，打不过我们，他不跑才怪呢。"

十四阿哥胤禵加派人手去打探，不久传来消息：策妄阿拉布坦的军队去了西藏。

这让十四阿哥胤禵大惊失色，西藏地区少数民族居多。这几年，西藏部分民众对大清帝国颇为不满，有些造反派扬言要将西藏从大清的版图中分割出去。此时，清廷正在安抚对方，如果叛军去那里点一把火，扑灭起来将非常困难。

策妄阿拉布坦踏上西藏的大地后，老奸巨猾的他就用了非常狠毒的一招，他们命令手下换上清军的衣服，沿路烧杀抢掠，还口口声声说是受大清皇帝的命令，这分明是在挑拨西藏与中央政权的关系，让西藏民众仇恨朝廷。这一招儿可真够歹毒。

在承德避暑山庄，康熙皇帝得到消息——叛军先锋进入西藏布达拉宫，进行毁灭性破坏，藏民的愤怒达到了极点。康熙皇帝气得大拍桌面，马上下旨让十四阿哥胤禵不惜一切代价剿灭叛军。

随后，十四阿哥胤禵命令富宁安将军带兵进入西藏。富宁安将军也真是猛，他率领军队克服高原反应后，成功包围并击败了策零敦多布的军队。

富宁安将军向藏民解释，这些人不是清军，而是叛军，但是当地藏民认为这是朝廷管理不善所引起的，要求朝廷善后安置。这让富宁安将军非常不快，老子帮你们打败了侵略者，你们不说感谢之类的话也就算了，还把责任的帽子给我们戴上，天下还有这种歪理？

康熙皇帝收到这份奏书后，问张廷玉的意见。张廷玉说："陛下，藏民受了委屈，但把矛头指向朝廷也是不对的。"

"你继续说。"

"但是为了全国统一安定的需要，我们应该做出让步。"

"怎么让步？难道让藏民把我们的军队骂个狗血淋头吗？"

张廷玉微笑说："皇上，微臣不是这个意思。"

"那你说啊！"

"朝廷可助藏民脱贫致富。"

"你说具体的。"

"朝廷可留下两万军队，在此处开荒、屯田，帮助当地藏民种植庄稼。藏民感受到朝廷的好，才会从心底服从我们的统治。"

"高招！"

康熙皇帝当即下旨，执行这个合理化建议。

这件事，体现了康熙皇帝是一位有仁义有德行的明君，他关爱少数民族的命运，也牢牢地把西藏控制在大清帝国的版图之中。

第六章 深受重用

恩师相助

十四阿哥胤禵凯旋后，曾鼎力推荐他的张廷玉有了威望，许多官员主动向张廷玉打招呼，献殷勤。张廷玉的运气相当不错，自从丁忧回朝后，他就遇到了一位贵人，此人并非皇上，而是李光地。李光地是文渊阁大学士、吏部尚书，也是张廷玉的顶头上司。

李光地是福建泉州人，是康熙皇帝最信任的汉臣之一。此时的李光地已七十岁，身体瘦削却精神抖擞。张廷玉遇上这位老师，使他在前进道路上少走了不少弯路。

有一回，张廷玉差点儿犯错，是李光地帮了忙，并及时纠正。

那次，张廷玉下朝回家，管家小华子急匆匆向他汇报，街头有人张贴大字报。

张廷玉问："快说，什么事情？"

"老爷，有人妄议皇帝，说后宫佳丽三千，皇帝是永远忙不过来的。"

"什么意思？"

"他们说皇帝娶七八个老婆就差不多了！可皇宫佳丽三千，就是十个、二十个皇上也忙不过来啊！佳丽也要相配套，多了就是浪费，浪费就是犯罪。"

"说得有道理。作为大清臣民理应为国为民分忧解难。"张廷玉愤愤不平地说。

小华子受到了鼓舞，很高兴，他知道主人为人仗义，面对困难敢说敢为，是为天下苍生着想的好官。

在上朝的路上，张廷玉远远看到恩师李光地，便紧赶几步追赶上去，向李光地大人行了礼。

李光地见张廷玉意气风发，知道他有重要的事情要汇报，便随口便问了一句："你有什么事情要奏明圣上？"这一句普通的问话，却帮了张廷玉的大忙，让他免遭牢狱之灾。

张廷玉见恩师要问，当然不会隐瞒，便如竹筒倒豆一般将事情说了出来。

李光地听完张廷玉的讲话，额头冒汗，脸色发白，脚步都有点儿不稳了。

张廷玉问："恩师，您怎么了？"

李光地咬紧牙关说："还不是为了你。"

"啊！为什么？"

"你就要大祸临头了。"

"还请恩师明示！"

"别人写大字报，是为了发泄情绪。而你却把祸水往自己身上引，敢管皇上的家事，胆子可够大啊！你还要皇上退回闲余的老婆。我感觉这就有点儿缺德了。如果让你退回老婆，你会接受吗？结果也一定不会，而且你还会憎恨那个提出此建议的人。"

"但是大字报讲得合情合理，听取这个建议，世界会更好，社会会更进步。"

"皇上最恨大臣议论他的家事，你是不是不想活了？"

张廷玉倒吸了一口凉气，用咨询的口吻问："难道这事儿还不让皇上知道啊？"

"皇上不知道的事情多了去了，可知道了又能怎么样？皇上最多发一顿脾气，杀一批人，这样社会就会进步吗？当然不会。"

此时，张廷玉的衣服已经湿漉漉的了，心想好险啊，差点儿就会出事。他向李光地投去感激的目光，内心非常感谢这位睿智的恩师。

过了几天，有一位赵大臣向康熙皇帝进言了这件事情，意思和张廷玉的差不多，就是说皇帝娶那么多老婆，娶了又不用，还不如把多余的老婆退掉。这位赵大臣的建议听起来合情合理。不过他收获的待遇却是被关进牢房。

张廷玉得知赵大人的遭遇后，便感觉像是做了一场噩梦。

幸运与不幸运的距离并不遥远，有时只是一念之间！

美女卖身葬父

在一个阳光明媚的午后，张廷玉下朝回家，在十字路口见一批人正在围观，便命令小华子过去瞧瞧。过了一会儿，小华子汇报，一位杨家姑娘因为父亲突然去世，无钱安葬，自己在此卖身葬父。

张廷玉的心紧缩了一下，如此孝心，值得天下人学习。他下了轿子，大步流星走了过去，准备伸出援手。

“一个大姑娘卖多少钱？”

“五百两银子。”小华子说。

“五百两银子，不便宜啊。”

“是的，老爷。有个春楼的老鸨打算买她，但杨姑娘嫌对方出的价格太低，双方正在杀价。”

“那位姑娘怎么说？”

“她说少一两银子也不行。”

明明葬父急需用钱，却怎么不让价？难道让父亲的尸体腐烂下去不成？这个杨姑娘很有性格。张廷玉想。

大家见张廷玉大人迈着大步走了过来，便远远地退缩到四周。只见杨姑娘头包白布，身着白衣、白裤，跪在尸首前哭泣……

张廷玉问：“姑娘的孝心日月可鉴，但是人家出高价来买，你为何却咬住价格不放啊？”

杨姑娘眉头一皱，问道：“是刚才那位吗？”

“怎么了？”

“你是好人还是坏人啊？”

张廷玉愣住了，这个简单的问题有点儿难以回答。如果说自己是好人，就是标榜自己，传出去会闹笑话；如果不说自己是好人，传出去更不好听。

“刚才那位大婶是春楼的老鸨，我不想去。难道你希望我往火坑里跳吗？”杨姑娘说。

张廷玉脸红了，虽然他不是很有钱，但是他却做出了英雄般的表态，转头对小华子说：“这位姑娘卖身葬父的费用，我来付。”

杨姑娘立即站起身，向张廷玉跪下去，叩了三个响头。小华子说：“这是我家主人张廷玉张大人，遇上我家主人也是你的福气啊。”

杨姑娘听说是张廷玉大人，又重重叩了九个响头，轻声说：“张大人，只要给我五十两银子就够了。”

小华子傻眼了，这是不是帅哥的力量？刚才还口口声声要五百两，自家大人一出面，五十两就能摆平。

杨姑娘叫杨玉玲，家住京城郊区，耳闻张廷玉的帅气、才华，有心嫁给他，但是门不当、户不对，两人地位相差悬殊，她也就不敢奢望。自从父亲去世之后，她便效仿历史上卖身葬父的孝女，前来试试，如果遇上张廷玉大人，就甘愿在他家当奴婢。

张廷玉当然不知道这位“粉丝”想什么？他见对方长得清秀美丽、身体苗条、人见人爱，心想在家里当个奴婢也好，以后有好人家了，还可以把她嫁出去。

张廷玉这个想法应该说非常不错，但是在以后的发展中，他不仅帮不了杨玉玲姑娘，反而还害苦了她，让她背负着“色女”的恶名。

色字头上一把刀

张廷玉在朝中得到恩师李光地的相助，工作起来顺风顺水，如鱼得水。张廷玉非常感谢李光地恩师，要请他喝酒。

那时对吃吃喝喝还是非常讲究的，能吃上一顿美食，不只是百姓的

奢侈，也是官员内心的独白。张廷玉叫人买来野猪肉、海鲜等佳肴，邀请李光地。可李光地却只回复了两个字："不去。"

张廷玉以为李大人是客气，可李光地却将头摇成拨浪鼓一样。张廷玉见李大人不愿参加，就想到了另一个办法，他将自己两个月的俸禄拿出来，准备孝敬李大人。当时的清朝官场，可以说"千里当官只为财"。而张廷玉是真心感谢李恩师的相助，又没有什么其他要求，送出的钱财不会给李大人造成压力或者负担。

然而当张廷玉把一片感谢之情的礼物送到李光地大人家里时，李大人的脸色却变了，愠怒地问："我帮你，是为了图这个钱吗？"

张廷玉说："这是学生的一片小小心意。"

"以后你再这样做，就别进我家门了。"

张廷玉傻眼了，传说李大人还是有人情味，可怎么对待自己却如此见外呀？

张廷玉回家后，在正堂来回踱步，一脸的闷闷不乐。小华子看见主人遇到了难题，内心很焦急。他与张廷玉虽说是主仆关系，但二人感情深厚。

小华子问清了事情的经过，却呵呵一笑。张廷玉问："你小子有什么鬼点子？"

小华子说："老爷，我不敢说，怕被您骂。"

"快说，说错了，我也不会责备你。"

"老爷，每一个人都有爱好。"

"可李大人不爱吃喝，不爱钱财，他会有什么爱好呢？"

"一定是爱女人！"

张廷玉说："不太可能，李大人已经七十岁了，身体瘦骨嶙峋，怎么有精力喜欢女人？"

"可民间传说：身材精瘦之人，便是情场高手。"

如果李大人喜欢女人，可张廷玉家里又没有合适的女人，那该怎么攀上这份交情呢？张廷玉正在苦苦思索之际，一个人的经过，让他看到了曙光。此人就是婢女杨玉玲。

杨玉玲见到帅气的张廷玉注视着她，喜出望外，上前几步说："老爷，您辛苦了。"

张廷玉说："玉玲，让你做婢女，实在是委屈你啊！"

杨玉玲心头一热，看来张大人很关心自己。杨玉玲甜丝丝地说："我已是张家的人，老爷让我做什么都行。"

"我有一事相求。"

"老爷的事，就是玉玲的事，请老爷尽管吩咐。"

"我想收你为义妹啊！"

一般婢女遇上这等好事，一定会开心得手舞足蹈，但是杨玉玲的表现却完全相反，她感觉内心一股寒流袭来，作为一位姑娘家，她的梦想就是嫁给自家主人，但是又不好意思开口。这事与她的心愿完全背道而驰。

杨玉玲呆若木鸡，不知所措。

张廷玉见杨玉玲前后判若两人，便轻轻地问："你是嫌弃我吗？"

这句话把张玉玲直接逼进了死角。一个佣人，能与主人兄妹相称是何等荣耀，更是前世修来的福气，当然根本没有资格与主人谈情说爱。过了一会儿，杨玉玲闭住眼睛说："玉玲听从老爷的吩咐。"这声音中分明带着悲凉的哭腔。

张廷玉说："玉玲妹子，遇到好人家，为兄就把你嫁出去。"

这就是张廷玉的真实目的。

杨玉玲抬头注视张廷玉的眼神，想从中找出张大人对自己的那份喜爱，但结果却让杨姑娘大失所望。张廷玉的眼神是冷冰冰的，没有丝毫的火热。杨玉玲转身向窗外望了望，犹豫一阵说："玉玲听从老爷的安排。"

女人在封建社会地位低下，女人的爱情、婚姻大事从来不掌握在自己手中。杨玉玲也是封建社会的牺牲品。

次日下朝后，张廷玉直接去了李光地的府上。张廷玉见到恩师李光地，上前两步悄声说："恩师，我家有一位妹子，相貌出色，非常欣赏您的才华。"

说到女人，李光地弯着的腰挺了起来，眼光也亮堂起来。他拉着张廷玉的手说："廷玉，你再说一遍？"

张廷玉以为李大人没听清，便提高声音说："令妹看中了恩师的才华。"

李光地追问道："令妹也是美人胚子吧？"

"是的，美如天仙！"

"呵呵，呵呵！"李大人的口水流了出来。

"如果恩师喜欢，可以迎娶。"

"好！好啊！哈哈哈！"

几天之后，杨玉玲改名张玉玲。李家明媒正娶张玉玲，两人拜堂成亲，步入洞房。

七十岁的李光地，娶了一位二十岁的姑娘，两人年龄相差了半个世纪，但是年龄不是问题，关键是要两情相悦。李光地结婚后，感觉年轻了十多岁，精神焕发，脸上常挂着笑意，每日很早便上朝，很迟才回去，从不喊苦喊累。

许多人对李大人说，爱情的力量是无穷的。

李光地笑而不答。

李光地属于韬光养晦的人物，但是在感情上从不隐瞒。他与张玉玲的幸福生活在朝野间议论开了，一些人羡慕李大人，古稀之年能得到美女真情相陪。也有一些人担心李大人，两人年龄悬殊，李大人可能很辛苦。

两种说法都有道理，是甜是苦，也只有李大人内心最清楚。

人们一般会认为是李光地把张玉玲当成了靶子，但是从后面的发展来看，我却认为是张玉玲把李光地当成了靶子。

不久，年事已高的李光地终是熬不过自己年轻媳妇儿的过度要求，一命呜呼。

风花雪月的李光地永远地走了，他陪伴了康熙皇帝几十年，是康熙皇帝的得力助手。在避暑山庄休息的康熙皇帝在得知自己痛失重臣后，心头悲伤涌上，立即下旨让五阿哥恒王胤祺回京祭奠，并发放抚恤白银一千两。

那亮晶晶的银子放在祭祀的重要位置，确实是好东西，人人都喜欢，但是当性命失去之后，银子再多还有用吗？再多的银子也与他没有半点儿关系了！

与五阿哥过招

这一天，五阿哥恒王胤祺回来为李光地大臣奔丧，脸上并不难过，因为他与李光地感情不深，无非是替父皇办事而已。

当然五阿哥也有一个目的，会见张廷玉，把他收为自己阵营之人。但是他也知道张廷玉是硬骨头，眼光高，一般的王爷他都不放在眼里。

五阿哥恒王胤祺回到京城，按照官场规矩，当朝大臣都会去拜见他，聊聊家常，套套近乎。朝中大臣差不多都去拜见了五阿哥，但五阿哥却在等一个人，此人就是张廷玉，可是左等右等就是不见张廷玉的踪影。

一个大清朝的奴才，仗着自己皇阿玛的恩宠，居然不把我这位王爷放在眼里。五阿哥想想就火气往上蹿，他跨开大步在院子里走了一圈，却突然哈哈大笑起来……

张廷玉，本王爷有治你的法子了！

之后，五阿哥恒王胤祺直奔张府。此时，张廷玉正在家中吃饭，听见五阿哥来访，知道对方是来兴师问罪的。面对五阿哥，张廷玉该怎么解释呢？

五阿哥说："张大人是朝中重臣，李光地大臣生病之后，南书房的事务都是张大人在操劳，这是能力，更是忠心，皇上心里有数啊。"

"多谢恒王赞赏，微臣尽力而已。"

五阿哥见时机到了，露出狰狞的面容说："本王替皇阿玛来祭奠李大人，你也不来参见，是不是太没有规矩了？"

"回王爷，微臣实在是忙啊！南书房规定，当天的折子当天处理，不得拖到明天。"

"张大人的勤奋有目共睹，但是你也不要坏了规矩啊。"

见五阿哥紧紧相逼，张廷玉只得抬出圣上的招牌，说道："王爷，这是圣上的嘱咐，微臣事必躬亲，不承想却怠慢了殿下。"

五阿哥诚心要收下张廷玉，是必须要让他求饶的。五阿哥突然说："难道你不向我表达自己的意愿？"

五阿哥这一招确实厉害，对许多人来说是致命的，但是遇上张廷玉却不灵了。

张廷玉见对方抽出了尖刀，再不回击就会陷入绝地。张廷玉已是官场高手，略一思索，便说道："回王爷，微臣感谢皇恩浩荡，对王爷的失礼表示歉意，但是祖上有规，圣上外出期间，南书房官员不得与王爷们来往，还请王爷谅解！"

好招，妙招！

五阿哥脸色发红，气得差点要倒地，但是五阿哥毕竟是五阿哥，很快便恢复了镇定，笑眯眯上前，低声说："张大人，辛苦了。你的教诲，本王谨记在心！"

张廷玉目送五阿哥匆匆忙忙地离开，知道自己又得罪了一位王爷！

高处不胜寒

康熙皇帝这一次在承德避暑的时间过长，到十月底才回京。也许他确实太累了，要多休息，也许是对张廷玉相当信任。

张廷玉得知康熙皇帝要回来，他带领文武百官来到京外的古北口迎驾。这天阳光灿烂，微风轻拂。康熙皇帝远远望见大臣们，他开心地向他们招手致意。张廷玉等大臣严肃地站立，齐刷刷地行注目礼。

当康熙皇帝的马车靠近时，众大臣跪地俯首，山呼万岁！

此时的康熙皇帝老多了，但是精神状态不错，他责备地说："你们迎驾离城门太远，这样很辛苦啊！"

大臣们见皇帝如此客气，许多人露出窘态。张廷玉只简单地说了一句话，便替众位大臣解了围。

张廷玉说道："皇上，臣等只是日夜盼着您回朝。"

这句很坦诚的话，既不献媚，也不邀功。康熙皇帝一听，自然开心地哈哈大笑。

大臣们望了张廷玉一眼，这个年轻人，平时一心扑在工作上，想不到拍马屁的功夫比做工作还强，要么不拍，一拍就惊人。

来到南书房，张廷玉向康熙皇帝汇报了近期的重要工作。康熙皇帝频频点头，对他的工作进行了表扬。

张廷玉汇报完工作，康熙皇帝便与他谈家庭、生活方面的琐事，聊着聊着康熙皇帝哈欠连连，毕竟年龄大了，容易犯困。见此，张廷玉自然要告退。

张廷玉目送康熙皇帝去了养心殿。此时有一个人恰好经过，他目睹此情此景，感慨之下问张廷玉道："张大人，当今朝中，谁是皇上的重臣？"

此人不是官员，也不是中国人，却在皇宫中行走自如，他叫郎世宁，是意大利人，是一位宫廷画师。

张廷玉问道："当朝大臣很多，但是称得上重臣的还没有吧。"

"不见得，我认为有一个人可以称得上重臣。"

"那是谁啊？"

"就是你张廷玉张大人啊！"

这是褒奖之言，但是张廷玉听到此话，却没有开心，反而脸色发白，冷汗直流。张廷玉如此紧张，也绝不是空穴来风。

因为康熙一朝所谓的重臣不少，但是六成以上的都没有好下场。比如头号重臣鳌拜，被康熙皇帝设计抓住后杀了。重臣索额图是孝诚仁皇后的叔叔，可以说是皇亲国戚，康熙皇帝若是杀了他，传出去实在不好听，但是康熙皇帝有办法，不打他，不骂他，就是不送食物，最终将他活活饿死了。

树大招风，一旦成为重臣，便会成为众矢之的，虽然皇上托给你大事，但是对你暗中提防，甚至派人监视你，发现你图谋不轨，便立即处置。

谁都想当重臣，但是谁又都害怕成为重臣。人就是这样，往往自相矛盾！

画家郎世宁想不通啊，明明是重臣，但是张大人却如此紧张。中国人怎么会这样啊？

郎世宁，你还是慢慢学吧，官场这门课够你学一辈子的！

建功立业

此时的张廷玉在朝中已是重臣，但是他知道康熙皇帝的年纪大了，身体又不好，随时可能归天。若新皇执政，自己还能如此受器重吗？这是张廷玉苦苦思索的。他除了替皇上撰写圣旨、票拟意见之外，从没有当过地方官，也没有带兵打过仗。他很想捞点儿资本，但是太平盛世，你想建功立业也没机会啊。

张廷玉运气非常好，立功的机会马上就来了。康熙五十九年（1720年），山东出了乱子，一位名叫王美公的盐商聚众劫夺盐店富户。自古山东就多响马（即盗贼、马贼）。王美公率众声势浩大地闹事，这下可把山东巡抚李树德吓坏了，他不敢出门，一天一道八百里加急的快报向朝廷汇报。

山东有民众造反的消息传来，在朝的大臣心慌意乱，平日里他们对天文地理无所不知，但是遇上打仗要丢脑袋的事情，却装聋作哑。

“怎么剿匪啊？”康熙皇帝问道。

朝堂之下一片寂静……

突然，张廷玉出班行礼，高声道：“微臣愿往。”张廷玉以前曾官居兵部左侍郎，遇上外敌入侵时，都是让年羹尧、大阿哥等人承包了。因为张廷玉是文弱书生，带兵打仗从来也轮不到他。

康熙皇帝向下扫了一眼，严肃地说：“朕准奏。”

康熙皇帝也知道张廷玉的心意，除了替国家办事，他也想捞点儿政治资本。

下朝后，张廷玉抓紧准备，打算收拾停当便挂帅出征。可没过几天，他这个崇高的意愿便落空了。不是皇上改变主意了，也不是张廷玉生病了，而是这帮蠡贼被地方官兵“包了饺子”，被个个生擒活捉。蠡贼抓住了，张廷玉也不用带兵将他们捉拿归案了。

张廷玉实在很想去，但是蠡贼已被抓住，没有必要再去剿匪。康熙皇帝看穿了张廷玉的心思，心道：既然你想去，那我便派你去吧！

可张廷玉还有什么任务要去执行呢？

康熙皇帝说道：“蠡贼既然被抓住了，那张爱卿就带人去严审这帮蠡贼吧。”

康熙皇帝考虑到张廷玉文治经验较少，便对张廷玉进行了关照，给他配了两位得力助手，一位是内阁学士登德，另一位是都统陶赖，有这一文一武给张廷玉当帮手，没有什么办不了的事情。张廷玉顿时热泪盈眶，向康熙皇帝三拜九叩。

张廷玉与登德都是文官，两个人平日里关系融洽。都统陶赖是武将，张廷玉曾与他一起骑马、喝酒。陶赖对这位领导很是尊重，张廷玉说什么，他都会不折不扣地去完成。

张廷玉等人到达济南，山东巡抚李树德亲自迎接，并设宴盛情招待。吃好之后，巡抚李树德建议众人去望春楼听歌。登德喜好这口，表示同意，但张廷玉却要马上提审犯人。

审理结果，这帮蠡贼抢劫盐店，无非企图垄断盐市，根本不会去造反。张廷玉给出了一个清晰的结论：这帮人没有造反的苗头，只是一般的抢劫。

陶赖百分百赞成张廷玉的结论。登德没能去望春楼听歌，一肚子的火都发在了山东巡抚李树德的头上，他大声说：“既然如此容易搞定，是一群蠡贼，但是你作为堂堂的山东巡抚竟被吓得发八百里加急的公文，有必要这样小题大做吗？”

巡抚李树德被吓得诚惶诚恐，瘫坐在椅子上，不知该如何是好。但是巡抚也是聪明人，马上想起张廷玉，他用求救的眼神望向张廷玉。

张廷玉说：“登德兄，我们将主犯处以极刑，从犯五十余人皆发配边疆即可。”

登德也是聪明人，见张廷玉故意岔开话题，他也就见好就收，严肃地说：“微臣听从张大人的意见。”

处置完山东诸事，张廷玉一众便回到了京城。这一下，张廷玉之举收到了两种完全相反的意见：山东百姓联名上书，感谢朝廷公平公正办案；可也有一些官员向皇上告御状，说张廷玉的处置太轻了，重犯从犯通通该杀掉才对。

这些官员是打错了算盘，张廷玉是什么智商，与康熙皇帝又是什么关系？张廷玉早向皇上汇报了此事的处理结果，提倡施仁政，厚德爱民，如此结案主要是替皇上行善积德以图延年益寿。康熙皇帝信佛，也非常相信这一套。

张廷玉即使出去办案，也没有忘记拍拍皇上的马屁。而他此举，取得了事半功倍的效果！

第七章 相煎何太急

康熙驾崩

康熙六十一年（1722年）冬，康熙皇帝的胃病又一次发作了。一般来说，胃病不难治。民间有云：十人九胃，这说明胃病相当普遍。康熙皇帝以前经常犯胃病，吃点儿中药调理，过段时间就会痊愈，但是这次却完全不同，中药吃了又吃，身体调理了又调理，但还是没有丝毫的效果。

大臣们相当担心，他们并不仅仅是关心康熙皇帝的生死，因为皇帝是生是死，那是皇帝个人的事情，他们更重要的关心在康熙皇帝归天后，新皇帝由谁来当？如果来一位与自己有密切关系的皇子，以后必定前程似锦；如果来一位与自己毫无关系或者关系不好的皇子，不要说自己能不能当官，说不定哪一天小命就会丢了。

康熙皇帝身无大恙之时，大臣们曾提出重立太子之事，但却被康熙皇帝狠狠压了下来，老子的事情，轮得到你们来管吗？现在康熙皇帝生病了，机灵的大臣都不会提这档子事，因为这犯了大忌：朕还有一口气存在，你们就要立太子，是不是巴不得让朕早点归西啊！

但有一个人却从不担心是否立太子，此人就是张廷玉。张廷玉认为康熙皇帝立不立太子不重要，因为即便他不立太子，众位大臣也会选择德优兼备的人即位，也许还不比康熙皇帝的眼光差，当然这个想法只能悄悄地埋在心底。

自从康熙皇帝生病后，他便住在风景优美的畅春园养病。御医们轮番上阵，望闻问切一番，然后便出现这样的恶性循环：看病、拿药、吃药，可病还是老样子。

康熙皇帝的病越来越重。此时最为焦急的身边人，就是太监三德子。他对张廷玉说，一定要把康熙爷医好。

张廷玉说："是啊，公公有什么好办法？"

"有的。"

"公公快说！"

"咱家从外面打听到有一位高深的道士，人称叶道士，传说此人武功厉害，还能治百病。如果让他过来诊断，皇上不日就会痊愈。"

不久，叶道士被请来了，七十来岁，仙风道骨。他给康熙皇帝把脉后，轻轻地说了一声——皇帝难救。

"道长请一定要救皇上啊！"三德子说。

"贫道会的。"

张廷玉问："怎么个救法？"

"贫道这里有七颗丹药，每天一颗，连续吃七天，如果皇上能挺过这七天，这次凶险便可度过。如果过不了这七天，也是天命难违啊！"

张廷玉见康熙皇帝一天天地消瘦下去，卧在床上已经动不了。张廷玉、三德子心里当然不好受，但是又有什么更好的办法呢？

在康熙皇帝吃了六天丹药后，叶道长提出要回华山一趟。三德子不同意，让他在治好皇帝的病后方可返回。而张廷玉清楚此事不能强求，便说："就让叶道长回山里吧！也许他回去想出办法，可医治皇帝。"

不管是官员，还是普通老百姓，都相信叶道士的话。大家都认为康熙皇帝度过这小小的七天不成问题。果然到了第七天，康熙皇帝有了精神，话也特别多。许多人松了一口气，以为康熙皇帝的病情基本恢复了。其实这不是恢复，而是回光返照。当天晚上，康熙皇帝的病情进一步加剧！这是天意，天命难违啊！

康熙六十一年十一月十三日（1722 年 12 月 20 日），康熙皇帝走到了人生的终点。他微微叹了口气，便离开了这个世界。

康熙皇帝辉煌了一辈子，最终还是撒手人寰！其在位六十一年，是中国历史上最英明的君主之一，让大清帝国几乎成为世界上最强大、最富庶的国家。他平定三藩，统一台湾，使大清的疆土进一步扩大。此时，大清的疆域东起大海，西至葱岭，南至曾母暗沙，北达外兴安岭，西北到巴尔喀什湖，东北到库页岛，陆地总面积为1300多万平方公里。

新皇即位

民间传说，康熙皇帝临死前留下遗诏“传位十四阿哥”，后来被张廷玉等一干大臣改为“传位于四阿哥”，这是钻了汉字的空子。可这显然只是杜撰，一看就是假的，因为清朝皇帝的遗诏是由满、汉、蒙古三种文字书写的。况且，皇帝让谁即位，传个圣旨就行了，没有必要搞得如此复杂，万一遗诏执行不了可怎么办？以康熙皇帝的智慧，是不会写遗诏的。另外，十四皇子胤禵虽然会行军打仗，但是管理天下是文治，而且张廷玉与十四皇子关系较好，如果让十四皇子继位，起草之人是张廷玉，他必定不会擅自修改遗诏。

康熙皇帝传位的遗诏确实是由张廷玉起草的，从笔迹上来看，没有任何修改的痕迹。康熙皇帝病入膏肓之时，还希望自己身体能够恢复而重回工作岗位，因此并没有口谕传位。张廷玉见康熙皇帝一声不说地就归天了，可这个家家大业大，如果不帮朝廷找个当家人，迟早要出大事。

看到康熙皇帝咽下最后一口气，三德子晕了过来，张廷玉内心也非常紧张，但是父亲曾嘱咐他，遇到紧急事情，要淡定、淡定、再淡定。张廷玉想，此时此刻，谁最适合继承大清皇位？新君登基会不会引起朝廷内乱啊？

他叫醒三德子，让他控制宫门，任何人不得离开宫廷，更不得透露半点儿消息。

现在要替大清帝国决定未来的皇帝，张廷玉感觉必须要有军队的支持。没有军事实力，随便来了一拨人，就可以把张廷玉等人给灭了，让

你没处去告状。

张廷玉把自己的想法告诉了三德子，三德子连连点头。张廷玉相中的武将是隆科多，此人为人忠厚，对朋友讲义气，他更有一个特殊身份——步兵统领，这个职务相当于首都卫戍部队司令加公安局长，主要职责是负责京城守卫、稽查、门禁、巡夜、禁令、保甲、发信号等方面工作，权力非常大，平时也是皇子大臣们巴结的对象，但是隆科多只对皇上一个人忠心。

隆科多是武二品，找他绝对是一个高招。为了慎重，张廷玉让三德子出宫传密旨。隆科多半夜接到圣旨，快速前来，他预感朝内发生了大事。

隆科多刚进畅春园，等候多时的张廷玉便说："大人，事关重大，我们入内说话。"

隆科多见气氛严肃，也没有多问，便随张廷玉进入内室。

"皇上驾崩了！"张廷玉流着泪说道。

隆科多赶忙向康熙皇帝的遗体行跪拜大礼。行过大礼后，隆科多突然脸色一变，厉声责问张廷玉："怎么不见诸皇子和大臣啊？"

张廷玉道："皇上走得匆忙，没来得及留下遗诏。"

"皇上驾崩，张大人不打算昭告天下吗？"隆科多进一步紧逼。

张廷玉道："我何尝不想这样啊，但是阿哥们觊觎皇位，如今皇上突然驾崩，稍有不慎便要出现夺位斗争啊！那时微臣生命不保事小，对不起康熙爷，更对不起黎民百姓才是大事啊！"

隆科多又问："张大人，你是圣上身边之人，你应该有主意的。"

张廷玉道："在新君没立之前，只能秘不发丧。"

隆科多说道："圣上是千古明君，发丧不能久等。况且京城九门，我也不敢关太久啊！张大人，得赶紧想法子啊！"

张廷玉道："大人认为皇上最中意哪位皇子？"

隆科多反问道："张大人觉得呢？"

张廷玉道："皇上走得太匆忙，我还没有来得及问呢？"

隆科多说道："那就定四阿哥雍亲王继承大统吧。"

张廷玉道："容我想想……"

隆科多赶紧说道："张大人请想一想，立冬的时候，康熙爷让四阿哥代祭天地。历朝历代，只有天子才配祭祀天地。当时皇上已经重病在身，可能就是在暗示臣等，由四阿哥继续大统啊。"

"四阿哥在王公大臣们眼里口碑一直很好，为人稳重、仁慈，办事机智又公正。既然这样，我就赶紧起草诏书。"张廷玉说。

"慢着，还有一件事情没办好！"隆科多说。

"什么事情啊？"

"我们要先与四阿哥通个气，万一他反对，我们就没有退路了。"

"谁当皇上会反对？四阿哥又不是傻子。"张廷玉当然明白隆科多的心思，扶植四阿哥当皇上，总得让四阿哥明白谁是他的恩人。

"那就劳烦大人去与四阿哥通气，我在这边起草诏书。"

隆科多当然高兴，张廷玉这是把首功让给了他。

隆科多选择四阿哥当皇上，理由很简单。传统热门人选十四阿哥、八阿哥都是大清理所当然的继承人，但是他们身边有太多的一帮人围着传，支持任何一个人，在未来的功劳簿上，隆科多也必将排在后面。但是支持冷门人选四阿哥继承大统，四阿哥本人便会对隆科多心存感激，日后恩宠就不用说了。

张廷玉选择四阿哥的理由也很多，主要是他认为四阿哥是最合适的继承人。八阿哥，虽然支持他的人多，但多是文官，武官极少；十四阿哥手头有几十万军队，但是他离京城远，远水救不了近火，而且他热衷带兵打仗，不懂文治；而四阿哥则要文有文，要武有武，深得民心，与十三阿哥的关系也很好，两人联手实力强，其亲信年羹尧更是川陕总督，紧握四川、陕西两省的军政大权。

张廷玉想了想，感觉康熙爷也是有意要让四阿哥接班，因为他让四阿哥的亲信年羹尧出任如此重要职位，东进可以领兵进京逼宫，西进可以钳制十四阿哥的西北军。

就这样，写完遗诏后，张廷玉在畅春园焦急地等待隆科多回来。大概凌晨时分，四阿哥闯了进来，后面紧跟着隆科多等人。

四阿哥见了张廷玉，并没有理睬，只是庄严地跪到父皇面前，然后号啕大哭。张廷玉、降科多二人则被他撕心裂肺的哭泣感动了。

张廷玉上前说："四爷，您保重身体啊。"

可四阿哥竟瞪着张廷玉，呵斥道："张大人，皇上生前对你不薄啊，而今皇阿玛仙去，你们竟然秘不发丧，居心何在？"

张廷玉心想，还不是为你四阿哥登上皇位啊，但是话又不能这样说，他知道四阿哥要做孝子，做臣子的肯定要成全他。

于是，张廷玉赶忙答道："回禀雍亲王，圣上曾经交代过微臣，万一处于昏迷状态，朝中紧要大事，一概由四阿哥定夺。而今皇上突然驾崩，滋事甚大，还请雍亲王决断。"

张廷玉厉害吧，这话不仅把四阿哥的话给圆了，而且还让四阿哥听了非常舒服。

"既然这样，还请张大人遵皇阿玛的遗诏办事吧。"

张廷玉看到四阿哥发话了，压在心头的一块石头落地了。自古以来，与君主密谋的臣子，不是飞黄腾达，便是死于非命。其中，遭殃的多，享福的少。张廷玉、隆科多当然希望自己能成为密谋的幸运儿！

不管当皇上还是当重臣，运气最重要，运气好的天上掉下个皇帽子戴戴，运气不好，小命随时随地都会弄丢！人与人的运气之差，有天地之别！

未受封赏

康熙六十一年十一月二十日（1722 年 12 月 27 日），紧闭十天的城门重新打开，所谓康熙皇帝的遗诏也一并告之天下，将皇位传给四阿哥雍亲王胤禛。以前大家都看好八阿哥、十四阿哥会成为皇帝，可这戏剧性的变化让当时的政治预测家大跌眼镜，也给他们上了一堂生动的哲学课，凡事皆有可能。

即位后的四阿哥雍亲王胤禛，即雍正皇帝，打出一副孝子牌，连续几天在乾清宫哭泣，好像没有了康熙皇帝，他的日子一天也过不下去，非要把康熙皇帝从鬼门关拉回来不可。雍正皇帝虽然讲究一个“孝”字，但他工作思路清晰，朝中大小事务，全由他一律口授，并由张廷玉起草下诏。这下可忙坏了张廷玉，有时一天要来回跑上几十趟。但是张廷玉年轻、精力充沛，将工作做得有条不紊，深得雍正皇帝的赞赏。

赞赏归赞赏，但是论到奖赏之时，却与张廷玉无关。张廷玉还是老样子，继续当他的秘书。

那天，雍正皇帝任命四位大臣为总理内阁，掌管天下的行政权。这四位大臣分别是八阿哥允禩（胤禛即位后，为避皇帝名讳，众兄弟改名，将名字中的“胤”改为“允”）、十三阿哥允祥、步军统领隆科多和大学士马齐。

张廷玉对这次任命，先是一愣，然而细细一分析，便会心地笑了。他深知雍正皇帝的良苦用心。

那天，张廷玉回府后，小华子一脸的不悦。张廷玉主动问：“出了什么事情？”

小华子说：“小的为老爷打抱不平啊！老爷为大清立下显赫功劳，却不受奖赏，而那些寸功未立，而且与雍正有意见之人，却受到重用。”

张廷玉故意说：“隆科多、十三阿哥是非常有能力的大臣，任内阁大臣当之无愧啊。”

“八阿哥平时与四阿哥明枪暗箭，他却当了内阁首席大臣。还有八阿哥的跟屁虫马齐，也当上了内阁大臣。这半壁江山已经归入八爷一党……”

张廷玉却笑着望着小华子，让小华子大惑不解。

小华子急步上前，大声说：“这样搞下去，朝廷迟早要出事啊！”

张廷玉轻轻地说：“你不懂，这正是皇上的高明之处。”

“怎么个高明法？大权给了八阿哥，自己省力省心吗？”

“皇上让八阿哥负责内阁，是为了稳住江山。十四阿哥等其他王爷，对皇位虎视眈眈，四阿哥与八阿哥联手执政，下面谁也不敢轻举妄动。”

“那马齐是八阿哥阵营的人，他怎么可以进内阁呢？”

张廷玉听后，却嘿嘿一笑。

小华子不解地问道："为什么呀？"

"马齐是八阿哥的心腹。他进入内阁，也是皇上的一着妙棋啊！"

"不会吧，怎么个妙法？"

"就是分化瓦解八阿哥的团队。"

小华子顿悟，一拍大腿说："高，这招儿实在是高啊！"

小华子又问："老爷，您贡献这么大，可却不见奖赏啊？"

"我们做臣子的把工作干好即可，从不敢奢望奖赏。"

张廷玉虽然不要也不抢功劳，但雍正皇帝却并未忘记他。一份姗姗来迟的奖赏依旧让张廷玉激动、感动。不久，他被任命为礼部尚书，官阶正一品，同时兼任《圣祖仁皇帝实录》的副总裁官。

张廷玉，你的好日子才刚刚开始！

对付十四阿哥

雍正皇帝坐上高高的皇位后，得到了各位兄弟热烈的祝贺，不管是真心还是假意，自己的皇位却是已经坐稳了。其实，雍正皇帝内心极不平静，半夜经常做噩梦，他深知皇位是隆科多、张廷玉等人帮助得来，一旦传出去，天下人怎么会服气呢？何况皇兄皇弟对这个皇位更是垂涎三尺。

这么多兄弟中，让雍正皇帝最不放心的便是自己的十四弟允禵，此人手握数十万军队，驻军西北，而且非常擅长带兵打仗。历史上靠兵变抢皇位的王爷不少，比如明朝的燕王朱棣，他便是从侄儿建文帝朱允炆手中夺得皇位的。雍正皇帝仿佛站在山顶上，十四阿哥则像老虎一样在山下虎视眈眈，这让雍正皇帝怎么能睡个安稳觉呢？

雍正皇帝倒有一次抓住了十四阿哥允禵的机会，那是在祭奠康熙皇帝的大礼上。但是如果雍正皇帝在灵堂前发难，一是难以说服、团结其他兄弟；二是如果康熙皇帝在天有灵，也一定会大骂自己不孝啊。

十四阿哥允禵在京城待了几天，感觉苗头不对，走路时有人跟踪，住宿、吃饭、会客时也好像气氛异常。十四阿哥允禵派人一查，原来是大内高手在暗中监视自己。允禵当然明白这是好哥哥雍正皇帝的手下。几天之后，允禵决定离开京城这个是非之地，不然自己迟早要出事。

次日，半夜时分，十四阿哥允禵悄悄地离开京城，当然他还是讲道理的，给雍正皇帝写了一份奏书，说边境有重要军务——据可靠消息，西北地区有一些人在搞串联，意图造反——臣弟得马上返回，将问题消灭在萌芽状态。

雍正皇帝收到奏书，当场表示同意，当然还着力表扬了他敬业、爱国等情操，反正给他多戴了几顶高帽子。这正是雍正皇帝的聪明之处，允禵已经离开京城，你想不同意也不行啊，正乐得做一个顺水人情！

雍正皇帝正为放虎归山这件事犯愁之时，三德子来了，向他说民间流传一个非常坏的消息，说当时康熙皇帝的遗诏是要传位给十四阿哥的，是被奸人篡改，将“十”改成“于”，才让您登上龙椅的。这让雍正皇帝确实头疼，他虽贵为天子，却无权操控此事。因为民间太广了，你能堵住多少张嘴。在民间流传中，雍正皇帝看到了一个人的影子，此人就是十四阿哥，遂暗下决心，一定要给十四阿哥允禵颜色看看。

十三阿哥允祥和张廷玉被雍正皇帝唤来，提出要处置十四阿哥允禵。张廷玉想这是皇室家事，他一个外臣不便插嘴，但是十三阿哥允祥为人懦弱，不敢去背这个黑锅。

雍正皇帝见两位心腹大臣没有答复，心头不悦，于是高声说道：“你们快说说处置允禵的建议。”

张廷玉见躲不过去，也没办法，这黑锅背就背吧。他说：“回皇上，十四阿哥驻守边境，手中有几十万军队，若处理不当，后果将非常严重。”

“朕要处置他，你说怎么办？”

张廷玉顿感一股无形的压力。他思考片刻，向雍正皇帝跪拜之后说：“微臣与十四阿哥有一面之缘，愿去西北传达圣旨，将十四阿哥传至京城，然后由圣上发落。”

“好，太好了。张爱卿啊，那朕可就辛苦你了。”

为皇上分忧一直是张廷玉的信念。张廷玉坐上马车，千辛万苦抵达西北，向十四阿哥传达圣旨，并请十四阿哥即刻起身回京城，另有重

用。西北军队由副将李如柏全权负责。

十四阿哥允禵对圣旨非常不满意，他猜测可能是四哥要对他下手了，如果下手，他也不怕，手下有几十万军队，在西北当个西北王也好，自由自在。他与张廷玉私交不错，而且受过张廷玉的推荐之恩，张廷玉的面子还是要给的。他好酒好肉地招待张钦差。为了完成这个几乎不可能的任务，狡猾的张廷玉费尽心机，与十四阿哥套近乎。两三天下来，十四阿哥放松了对张廷玉的警惕。

“皇上召本王进京有什么事？”

张廷玉周旋道：“圣上对微臣说过，要重用王爷，才把王爷调回京。”

允禵才不信雍正皇帝这些鬼话。但是张廷玉总是好言相劝，他经不住张廷玉游说，因为张廷玉是值得信任的。

最后，他很认真地问张廷玉：“你是本王的好友，本王回去有没有生命之忧啊？”

张廷玉说：“不会的，王爷没有反对过圣上，圣上怎么会杀王爷呢？”

允禵想想也对，心道：四哥啊，本王倒要看看你给本王安排个什么职位？

不久，允禵回到京城，可雍正皇帝却并没有见他，而是马上把一个非常重要的职位交给他，看守景陵，就是给父皇康熙守陵。

让一个大活人给死人一年四季守陵。允禵知道自己这一生完了，守陵规矩不少：不能近女色、不能吃肉、不能大声喧哗……如果这样，那做人还有什么意思啊？允禵心道：完了，完了！

可你后悔莫及也没用，因为世上从来就没有反悔药。

处置九阿哥

雍正皇帝在顺利处理完头号劲敌十四阿哥允禵后，长长地松了一口气。但是他也知道竞争对手并未被完全消灭，眼下最有实力的竞争对手还属八阿哥胤禩。对付八阿哥要慢慢来，就如温水煮青蛙。目前最好的方法就是从经济上下手，然后击垮他。

雍正皇帝要搞垮八阿哥胤禩，但是下手的对象却是九阿哥允禟，这说明雍正皇帝处理事务非常成熟，眼光准，能力强。九阿哥与八阿哥关系很好，九阿哥也是八阿哥最牢靠的亲信。虽然九阿哥从来没有野心，也没有过人的政治本领，但是他会挣钱啊，是康熙诸子中最有钱的。

九阿哥借权敛财的破事处处都有，随手一抓就是一大把。想当年，康熙皇帝命人抄明珠家族，没收其巨额资产，但其中的很多传世之宝不是进入了内务府，而是进入了九皇子的府邸。康熙也知道这档事，想想财产都是进入了皇家，也就没有追究。

九阿哥有了"第一桶金"后，便在京城开了几家高档布庄，许多钱贵借着买东西前来搞关系、拍马屁。但是九阿哥总嫌钱来得慢，他想到了一个异想天开的发财渠道——做无本生意。九阿哥命令太监何玉柱去关东的皇家园林挖人参，然后拿到京城来贩卖，这是康熙皇帝吃的宝贝啊，许多富豪权贵自然非常想吃，抢着买，当然又能显摆。九阿哥凭这种无本生意，挣钱发财也可想而知。

不过，九阿哥还不过瘾，他将生意的利爪伸向各地的一线城市。久而久之，九阿哥钱财甲天下，成为钱财的代名字。

当年羹尧需要银子，朝廷一时半会还没有这么多库存，康熙皇帝就把九阿哥传来。九阿哥大手一挥，便迅疾拿出十万两银子，捐献给朝廷。

在夺嫡之战中，八阿哥相中了九阿哥，他知道九弟没有野心，有他来做帮手（相中他的钱财），不怕治不了这个天下。九阿哥只做生意这一行，对搞政治不感兴趣，他认为八阿哥在众位兄弟中最聪明，应该会继承大统，这是他犯了一生中最大的错误，因为继承大统与聪明没有直接关系。

可九阿哥见四阿哥坐上皇位后，才知道自己押错了宝，还好形势不是太坏，八阿哥当了一人之下、万人之上的内阁总理，自己往后也能继续由八阿哥罩着。

九阿哥虽然不傻，但他却在错误的道路上继续狂奔。这时，有一个人要对他下手了，此人比罩着他的人的权力更大。此人就是当今的圣上——雍正皇帝。正所谓皇上要动手，神仙也救不了，八阿哥只能干跺脚着急。

九阿哥犯事的把柄很多，雍正皇帝不用费什么力，就抓住了帮九阿哥倒买人参生意的两个太监，一个叫李尽忠，一个叫何玉柱。李尽忠所做之事与他的名字之意完全相反，没有半点儿尽忠的意思，还没有被官差拎起来喊打，他就如竹筒倒豆一样，将事情全部交代了。

八阿哥当然去求情，可雍正皇帝抓住了机会，当然不会手软。八阿哥见自己不行，便去会见十三阿哥怡亲王，他知道十三弟与皇上关系好，想借助他的力量劝说。

怡亲王拜见雍正皇帝，说明来意。雍正皇帝说："这事儿，皇弟就别求情了，朕会给九弟一个好的去处。"

怡亲王听后，当然不敢多言。

雍正皇帝让张廷玉拟旨，把李尽忠发往云南边境当苦役，把何玉柱发往新疆屯田当杂役。你们不是喜欢跑吗？那我就给你们发配得远一点儿，永远不用回来了。

"皇上，那九阿哥该如何处置呢？"张廷玉轻声问。

"青海、宁夏、陕西、四川都是锻炼人的地方，去哪里都行。"

"请圣上裁决吧。"张廷玉说。

"让他去陕西，那里有年羹尧在，他毕竟给年羹尧捐过银子，有交情。让年羹尧照顾一下他吧！"

张廷玉知道雍正皇帝是在调侃，便说："皇上，那就让九阿哥去西宁吧。"

"为什么呢？"

"那边有钱也没有用，因为没有地方花。"

"这个地方不错！"

九阿哥就这样被发往了西宁，名义上是军队需要人，实际则是充军发配。九阿哥在发配的路上，想来想去，感觉有一件事情想不通，自己有这么多的钱财，但是不能用，只能放在府上，这是什么道理啊？

可他想不明白，也得想。

有人说，当你拥有最多的钱财，但是不一定是你的，只有你花掉的钱，才真正是属于你的！

十三阿哥的噩梦

自从十四阿哥允禵和九阿哥允禟遭雍正皇帝处置后，皇宫之内人心惶惶，王爷们都担心雍正皇帝什么时候拿自己开刀。十三阿哥允祥本来与雍正皇帝关系不错，但是这件事情后，允祥却有不祥的预感，雍正皇帝可能要向自己下手了。

允祥虽然文韬武略平平，但是他的预感非常准。雍正皇帝已经对他不满意，随时可能抛弃他。当然大家也知道，允祥之前一直都是四阿哥的人，他与四阿哥关系铁，两人在朝廷上有许多共同的观点和利益。

想当年雍正皇帝曾问过十三阿哥允祥，谁能继承大统？

允祥说："四哥，你最有希望。"

"为什么？"

"四哥智勇双全，坐上皇位，不仅是大清之幸，更是天下百姓之福。只是……"

"只是什么啊？快快说来！"

"只是四哥疑心病重，可能会冤枉了一些忠臣。"

雍正皇帝听后面色发红，眼里闪过一丝不快，淡淡地说："十三弟目光锐利，值得哥哥学习啊！"

不久，允祥决定去叩见雍正皇帝，向皇帝汇报工作之外，探探口风，也可以预测一下自己的未来。但是雍正皇帝却不给这个兄弟机会。

雍正皇帝让太监传话，皇帝身体不适，不见。

连续几天，允祥去敲宫门，太监的态度也相当死板，给出统一的答复：皇帝身体不适，不见。

允祥当然明白这是怎么回事？每天上午皇帝上朝都好好的，下午就

生病了，见个自家兄弟就不行了，这不正常啊！

允祥知道事情的发展对自己极不利，他开始思考如何渡过难关。

想来想去，他感觉形势不是太坏，而且能帮上自己这个忙的，普天之下只有一个人，此人就是张廷玉。

张廷玉见允祥王爷上门，知道有重要事情。允祥知道张廷玉十分得宠，对皇帝十分忠心，让他违背皇帝的意图，他绝对不会去做，但是让他站在公开、正义的平台上说话，他也一定不会躲避。

当允祥说完自己的担忧后，张廷玉陷入沉思。允祥抬着头，望着张廷玉，等他回话。张廷玉在官场上已是老狐狸，一直没有说话，最后只是点头微笑。

张廷玉确实厉害，万一以后允祥出事了，他张廷玉可是半点儿把柄也没有留下啊。

允祥也是机灵之人，从张廷玉点头微笑之中，他读懂了。正是这次找张廷玉谈话，让张廷玉做好了准备，在一次决定允祥命运的会议中，张廷玉巧妙地应答了雍正皇帝，帮允祥躲过了一劫！

那天，雍正赶走四周的太监、宫女，身边只剩下张廷玉一人。他不温不火地问："十三阿哥允祥现在有什么情况吗？"

张廷玉一听苗头不对，知道雍正皇帝对十三阿哥不放心了。

张廷玉说："回皇上，自从皇上登基后，十三阿哥爱岗敬业，在群众和大臣中的口碑非常棒。"

"那他为何替九弟求情，是不是与他沆瀣一气？"

"微臣看不像。想当年，皇上还是一个不显山不露水的皇子，十三阿哥就一直跟着您。现在您成为主宰天下的皇上，十三阿哥更不会有二心。"

"道理是这个道理。那他为何替九弟求情啊？"

"这可能是八阿哥托他帮的忙。"

"啊？"

"八阿哥允禩是内阁总理，是他的上级，上级派他去做事，他当然不敢违背。"

“那八弟与十三弟会不会联手对付朕？”

“当然不会！他们两个人性格、观念、能力、关系都不同。”

雍正皇帝听后哈哈大笑……

张廷玉帮了十三阿哥的大忙，让他渡过了一个难关。此后，十三阿哥也真正成为雍正皇帝的左膀左臂！

可见，一个人的分析能力非常重要。分析得准确、到位，可以看透、吃透、化解各种矛盾问题，成为领导信任的得力助手！

八阿哥的落水

八阿哥允禩自从当上内阁总理后，威风八面，处在一人之下、万万人之上的位置。那天得知皇帝要处置十四弟允禵，他拍手称快，这位十四弟一直是竞争对手，在挂帅的争夺中，自己曾输掉过他。但是雍正皇帝要处置九阿哥胤禟，八阿哥才开始担心自己。九阿哥与自己情同手足，一直是自己最得力的支持者，如果他倒下了，不仅是自己损失了一员大将，更可以证明雍正皇帝是不讲兄弟情义的，他随时随地会向自己下黑手。

后来，八阿哥胤禩即便使出吃奶的力气来保全九阿哥，也没有效果，看到雍正皇帝是铁了心要拿下这位财富排行榜第一的九弟。

从这一天开始，八阿哥胤禩才开始担忧起自己的命运和前程，下一个倒霉鬼会不会是自己啊？这极有可能。因为当皇子时，自己就与四阿哥明争暗斗过。胤禛的性格、为人，他也领教了，比如眼前这两个兄弟便已经出局。

当然，八阿哥经过仔细分析，他认为形势还不是很坏，毕竟自己是内阁总理、天下第二号人物，无凭无据地，皇上也拿自己没办法。

从此之后，八阿哥胤禩做事更加慎重、负责，他在朝内的知名度在上升。他想，只要自己不犯错误，皇帝就不敢对自己下黑手。

八阿哥胤禩做事风格大变，别人请客喝酒，他不去；新官来送礼，他坚决不收，当然以前的老顾客送礼，他还是收的。这正是他的聪明之

处，以前收了，他们没事，现在收他们的礼物应该也没事。但是新官情况不熟悉，风险大，万一家里出事了，把这事捅出去，就不好收拾了。

太阳一天天升起，八阿哥胤禩一天天平安，如果这样干下去，一切顺利的话，自己的安全将不成问题。

不久发生的一件事使八阿哥允禩困扰，因为在这件事上，雍正皇帝只要稍稍动动小拇指，自己就得下台，下台之后，便永无翻身之时。

其实更准确表达的话，这不是一件事，而是一个日期，就是康熙皇帝满三周年的祭日，也是雍正皇帝守孝满三年。这一天，有一个传统习惯，各位大臣要主动请辞，皇上当然要挽留大臣，这不过是一种形式。皇上再有本事，也不可能不用大臣，自己一个人处理天下事务吧。所以，大臣们请辞，心里都有底，只是客气客气而已，明天的太阳还会照常升起，明天的好日子照样不会受到影响。

然而八阿哥胤禩却非常敏感，他从中读懂了一个不妙的信息，如果那天雍正皇帝同意自己辞职，自己不就完了？而从目前形势来分析，雍正皇帝是极有可能这样干的，他想趁机把自己赶下台来。

八阿哥胤禩经过多日的苦苦思考，终于想到了一个渡过难关的办法。办法很简单，就是装病，病得爬不起来，你总不能把我抬过来请辞吧。八阿哥胤禩这一招非常妙，完全打乱了雍正皇帝的计划。雍正皇帝本想借此机会，把八阿哥赶下台，可现在竟意外得知八阿哥胤禩生病卧床不起。

那天，雍正皇帝见不该来的大臣都来了，该来的大臣却没有来，心想：难道真的没有办法对付八弟吗？突然，他灵机一动，下旨让御医将八阿哥允禩的诊断报告送过来，看看是不是作弊？八阿哥对这门功课做得非常到位，滴水不漏。随后，厚厚的一叠报告被送了上来。

御医拿了八阿哥允禩的钱，俗话说，拿人钱财，替人消灾。他们把八阿哥的病情，写得很重，什么高血压、心脏病、肝炎等，反正让八阿哥重得不能上朝。本来这是帮八阿哥的忙，结果却害了八阿哥。

雍正皇帝看到这份报告，手也抖动了一下，原来八弟有这么多病，怪可怜的，自己不能让他太辛苦，有个三长两短，传出去实在不好听。

于是，雍正皇帝叫张廷玉起草圣旨，让八阿哥提前退休养病。

老板不让你干了，你想干也干不成，即使你有本领，也要在老板的领导之下开展工作。

第八章 两官员落马

微服私访

雍正皇帝在搞定两位自家兄弟后，感觉还是不满意，他认为要坐稳江山，就必须要消灭所有的反抗势力，他要学父亲康熙皇帝那一套，进行实地调查，掌握民情民意等第一手资料。要掌握第一手资料难啊！作为皇上，不能惊动地方官员，不能威风八面去地方，不然哪个老百姓敢说真话？听不到真话，跑再多的地方，见再多的老百姓，也是无用功啊！

雍正将自己打算微服私访的想法告诉了张廷玉。张廷玉心里是极不赞成的，朝里这么多事情需要你裁决，下面有这么多官员在一线掌握资料，你分明是对下面的官员不信任啊。但是皇上的想法或者决定，张廷玉不想反驳，他只想替皇上更好的服务。

此次皇上出行的路线是由张廷玉安排的，这是因为皇上对心腹张廷玉从不怀疑，但是这次张廷玉却掺假了，差点儿把微服私访这潭水搅浑了。

张廷玉接到微服私访的命令，脑海中便出现了一个问题，皇上微服私访，老百姓又不知道他的身份，许多老百姓讲话粗鲁，一旦说一些大逆不道的话，惹怒了圣上，丢几颗脑袋也是家常便饭，搞不好的话，株连九族甚至捎带上地方官员，这就问题大了。为了解决这个难题，最稳妥的办法，就是让地方官吏沿路通知，遇上陌生人，只能讲收成，不得妄议朝廷。

于是，雍正皇帝带着张廷玉以及两位大内高手，换成商人的衣服，一路往南前行。这是雍正皇帝第一次近距离看到庄稼，看到农夫在田头耕耘。

雍正皇帝大步上前，询问农夫："今年收成好吗？"

"好的，今年比去年好一些。"

"你对朝廷有什么看法啊？"

农夫见这几个人，看样子也是富贵之人，应该大有来头。而且官府派人来嘱咐，不得乱议朝廷，便答道："没有看法。"

雍正皇帝听到这话还是心里甜丝丝的。老百姓对朝廷没有意见，说明他领导的朝廷，是高效、深得民心的朝廷。当然这只是他自己的想法。

雍正皇帝就这样一处处跑下去，老百姓都给了他非常满意的回复，内容千篇一律：没意见，没看法。

雍正皇帝是个非常有主见之人，他不会因为别人说好话就沾沾自喜。这一天，他们行到三岔路口，本来要继续向南行的，雍正皇帝却说向东走。这下可打破了张廷玉精心策划的计划，南行之路都已提前安排好，而东行之路却从没安排过。

张廷玉吃惊地问："圣上，计划是去南面啊！"

雍正皇帝却说："朕改变主意了，去东面看看。"

张廷玉只得乖乖服从，但是内心却忐忑不安，唯一能做的就是祈求玉皇大帝保佑，让沿线的百姓多为朝廷说好话。

走着走着，雍正皇帝见前面有一位老汉带着一个十四五岁的少年正在田间干活，便下了马车，走过去与老汉交谈。张廷玉想阻止却已阻止不了。雍正皇帝正与老汉聊得投机，突然，他单刀直入地问："现在朝廷怎么样？"

老汉一停顿，向四周扫了一眼，张廷玉连忙向他使眼色，老汉看到了，却当作没看到。

张廷玉说："当今朝廷是非常出色的朝廷。"

老汉偏偏要与张廷玉作对一样，说道："也不见得吧？"

雍正皇帝赶忙问："哪里做得不好？"

"有一件事情，如果不再管管，以后要出大事情。"

"什么问题？"

见此情景，张廷玉真是要打自己的嘴巴了，他怪自己多嘴，不然老汉也不一定会妄议朝廷。

老汉说道："我要说的是一个大人物，这个人很了不起。"

雍正皇帝追问："此人是谁？"

"这……"

"快说！"

"年羹尧，年大人！"

"他怎么了？"

"年羹尧作为封疆大吏，非常嚣张，自封为王，已经把朝廷和皇上都不放在眼里了。"

张廷玉也听说过年羹尧的臭事，但是年羹尧是圣上一手栽培起来的将军，如果没有真凭实据，他也不会轻易奏请圣上拿下年羹尧。

雍正听到年羹尧的坏话，心里不是滋味，年羹尧以前是自己的手下，更像自己的家奴，自己欣赏其才华才举荐了他。现在连平头老百姓都敢谩骂年羹尧，可见年羹尧的名声实在不好。

张廷玉回到京城后，便开始提心吊胆，因为绝顶聪明的雍正皇帝已经知道张廷玉暗中给自己使绊。按理说，张廷玉故意违规安排，雍正皇帝是要给他小小的惩罚的，但是想想张廷玉的出发点是替自己着想，并无私心，雍正皇帝便决定放他一马。

雍正皇帝要辛苦一阵子了，因为他找到了一个新目标，那就是年羹尧！年大人，你小心点儿，你的好日子快到头了！

明修栈道

听说年羹尧是腐败官员，雍正皇帝的手一抖，真是感到心寒。年羹尧可是自己一手提拔起来的，在自己的印象中，年羹尧有才华，又有魄力，对自己忠心耿耿，怎么可能会成为狂妄自大的卑鄙小人呢？雍正皇帝有点儿不敢相信这是事实，但是他也深深懂得人心是会变的，好人会变成坏人，坏人也会变成好人。

雍正二年（1724 年）十二月十一日，雍正皇帝在年羹尧的奏折上朱批："凡人臣图功易，成功难；成功易，守功难；守功易，全功难。为君者施恩易，当恩难；当恩易，保恩难；保恩易，全恩难。若倚功造过，必至返恩为仇，此从来人情常有者。尔等功臣，一赖人主防微杜渐，不令至于危地；二在尔等相时见机，不肯蹈其险辙；三须大小臣工避嫌远疑，不送尔等至于绝路。三者缺一不可，而其枢要在尔功臣自招感也。我君臣期勉之，慎之。"

这是雍正非常耐心地给年羹尧的回复，其实是一次严重的警告，但是年羹尧看来是脑袋坏了，却把这封书信当成了一次普通的公文来往，让雍正皇帝白费了一番心血。

雍正三年（1725 年），雍正皇帝决定派出得力大臣蔡大人带队，实地调查年羹尧的腐败案。

这里有必要介绍下年羹尧。

年羹尧出生于康熙十八年（1679 年），字亮工，号双峰，原籍凤阳府怀远县（今属安徽），进士出身，是大清朝一代名将，高官显爵集于一身。军事上运筹帷幄，驰骋疆场，立下了赫赫战功。不仅如此，年羹尧与雍正皇帝的关系也很好，而且他还是雍正皇帝的小舅子，他的妹妹年氏被选为雍亲王侧福晋。

下面接着说蔡大人。这位蔡大人前脚刚离开京城去往川陕地区，后面四面八方的控告信、举报信就像长了翅膀一样飞向皇宫。这些信归纳起来，一句话，那就是年羹尧贪污腐败，必须马上处置。

这些举报的大臣，胆子也够大的，连皇上的小舅子也不放过，可见他们要多狠就有多狠。在我眼里，这些官员是令人敬佩的，他们敢于向权贵挑战。雍正皇帝收到这类举报信，非常干脆利落地丢在地上。瞎子也知道了，雍正皇帝虽贵为天子，但也是人啊，人都有私心，特别是对待自己的小舅子。

而事情的发展，却令朝廷内外吃惊。蔡大人去川陕好吃好玩了几天，圆满完成任务，给皇上的奏折是年羹尧是一位深受百姓爱戴的功臣，为官勤政，廉洁自律。可见，年羹尧当然没少在蔡大人身上下功夫啊!

雍正皇帝说:“看来年羹尧为官不错，不愧是从朕身边出去的。”

但是还有不怕死的大臣，他们又公开揭露年羹尧。雍正皇帝面对这些正义的大臣，心里也发虚，有点儿退步。

雍正皇帝说:“大家对年羹尧有看法，朕尊重大家意见，但是现在蔡爱卿已经调查过了，年羹尧没有问题。不然，就让年羹尧去美丽的杭州吧，任杭州将军。”

通过这番话，机灵的大臣已经嗅到一种味道，年羹尧遭殃的时刻快要来到了。

当年羹尧接到皇上的调令，虽然自己贪污受贿，但是目前形势还是不错的，雍正皇帝还是信任自己的，还是讲情义的。让自己去人间天堂杭州，应该是个不错的选择。

年羹尧毫无戒备地相信了，当然此去的天堂，不是杭州天堂，而是上天的天堂。天堂的大门慢慢向他敞开了，等待他的即将是一去不复还!

暗度陈仓

年羹尧离开了川陕地区，一步三回头，实在依依惜别。在这块热土上，记载了年羹尧不少的辉煌和骄傲。

年羹尧远远望着渐行渐远的川陕，失落感油然而生。老子以前是川陕总督，可以说是土皇帝，现在让老子去当杭州将军，交出了抚远大将军军令，明显是降级使用啊。如果能保留总督头衔，对家人、亲属、朋友，也包括自己，也是一个合理的交代。

年羹尧走到江苏仪征时，不想前行了，因为他有了天真的幻想，认为雍正皇帝是自己的恩人，有问题的话，他也会拉兄弟一把的。即使自己贪污受贿，雍正皇帝为了自己的面子，也会放他一马。这是年羹尧真实的幻想，因此他做出一个了“天才”的决定，逗留在江苏仪征，观望不前。为了让自己恢复总督官职，年羹尧思考了很久，自己向雍正请求复职，传出去名声不好听。在这困难时候，年大将军发挥了聪明才智，他指使西安府咸宁县知县朱炯出马。朱炯见年大人要求帮助，二话没说，当即向皇上写奏折，请求为年羹尧保留川陕总督之职。年大将军被官职冲晕了头，基本常识也忘了，一个小小的七品县官，向皇上推荐任命朝中一品大员，皇上会听取吗？答案是否定的，传出去怕也要让人笑掉大牙。

过了一天，年羹尧将军清醒多了，感觉朱知县的推荐级别不够，采用率不高，于是不顾面子，决定亲自上场。他上奏声称：“臣不敢久居陕西，亦不敢遽赴浙江，今于仪征水陆交通之处候旨。”

雍正皇帝是何等聪明啊，为了稳住年羹尧，他托李公公传来口谕：“皇上理解你的心情，你的功劳非常大，快去杭州上任吧。你的待遇，皇上已经知道了。”

年羹尧认识李公公，平时自己经常给李公公塞银子，李公公当然不会骗他。其实年大将军不了解太监，太监为了钱敢于在身体上拉一刀，只要给钱，就听谁的。

年羹尧抵达杭州后，去自己的官府报到上班，可位子还没坐热，他就得到了一个消息，他的心腹——四川提督纳泰升离开了四川，去京城任职。年羹尧感觉自己丢了一条膀臂，心痛不已。这时，又一个极其重要的消息传来，他一手培养的亲信——甘肃巡抚胡期恒被革职查办。短时间失去了这两个心腹，年羹尧霍地站了起来，走了三步，突然摔倒在地。

年羹尧为心腹难过，更为自己难过。

同年九月，圣旨下来，缉捕年羹尧。年羹尧想反抗，可已经来不及了。这里是杭州，他手里无兵无将，不是大西北，怎么可能动手反抗？反抗就是自寻死路，如果审理，还可能有一丝生机。当然这仅是年羹尧的一厢情愿！

年羹尧这时大呼上当，本来他不会束手就擒，可皇上太狡猾了，他派出李公公尽说好话。李公公说，圣上刚上任，许多人举报他的亲信年羹尧贪污受贿，圣上把你放在杭州任职，就是避避风头，过段时间，没有人举报了，你便可以重返总督之位。如果没有李公公传来的密旨，他才不会启程到杭州。在大西北，自己带领数十万人，远可以打京城，近可以在西北称王，凭自己的军事天赋，当个西北王真是小菜一碟，如果运气好，打进京城，当皇帝也是有可能的。可现在却一无所有。年羹尧在押送的路上一直在思考这样的问题，自己本来是有机会称王称霸的，可现在却已经来不及了。

年羹尧被押到京城，原先弹劾他的大臣，又开始弹劾年羹尧，最有名的便是直隶总督李维钧连奏三本，痛斥年羹尧“挟威势而作威福，招权纳贿，排异党同，冒滥军功，侵吞国帑，杀戮无辜，残害良民”。另外，蔡珽也实名举报年羹尧贪污受贿!

雍正三年十二月（1726 年 1 月），以十三阿哥为首的议政大臣把会审结果呈奏圣上，年羹尧被判九十二条大罪，请求凌迟处死。凌迟是世上最残忍的刑罚之一，也叫千刀万剐，即在犯人身上挖千余刀，却不能让犯人死，真是生不如死。明朝时期，凌迟一般比较精细，大多数凌迟都超过千刀，典型的是明朝作恶多端的太监刘瑾被割了三天，共四千七百刀，据说第一天割完后，刘瑾还喝了一点粥，第二天继续……

雍正还是讲情面的，他若给自己的小舅子身上挖一千多刀，传出去也实在难听。何况人死了，什么都没有了，只要人死就行，死了就解决问题，没有必要对亲戚家行使这残忍的刑罚。于是，他最终决定还是让年羹尧在狱中自尽吧。

最终，年羹尧案落下帷幕。年羹尧，于狱中自尽，其子年富被处斩，余子十五岁以下者被发配广西、云南、贵州充军。年父因年事已高被赦免，年妻则被发还娘家。

嚣张的年羹尧把自己的命弄没了。命没有了，家人没有了，财产没有了，什么都没有了。人活着，即使一品大员，皇上身边大红人，也没有必要嚣张，更不值得嚣张。因为年羹尧的命运，就是前车之鉴!

不嚣张，某种意义上就是尊重别人。不管是老人还是小孩，不管是健康人还是病人，不管是富人还是穷人，不管是官员还是平民，都要学会懂得尊重，才会得到更多的尊重，也让人生之路走得更远更长！

一代才子

下面说一说另一位落马的官员——蔡珽。

蔡珽，字若璞，号禹功，别号无动居士，但是此人却爱动，不该动的地方也敢动，最终进了牢狱。

蔡珽是辽宁锦州人，其父蔡毓荣是云贵总督。康熙三十六年（1697年），蔡珽考中进士，后来升为庶吉士。此时的他认识了声名在外的年羹尧。年羹尧也是进士出身，在阅读了蔡珽的文章和诗句后非常吃惊，感觉此人的文化修养远在自己之上。于是，年羹尧作了一个“科学”的决定，将蔡珽介绍给自己的主子四阿哥胤禛。此时的宫斗非常激烈，四阿哥胤禛在夺嫡之战中处于劣势，他非常需要能臣异士能助自己一臂之力。

蔡珽在拜见过四阿哥胤禛后，对其能否继位也不抱多大希望。康熙皇帝有这么多皇子，谁知道他会传位给哪位呢？但是多认识一位皇子也不是坏事，总会有点儿作用。可是，蔡珽并不感谢年羹尧，而是认为年羹尧应该感谢他。因为推荐人才是年羹尧的工作职责，他是在帮主子引进人才。但是年羹尧的想法却完全相反，老子帮你介绍皇子，你总得意思意思吧，没有老子引见，四阿哥是不会轻易接见你的。

后来四阿哥胤禛坐上皇位，但是两个人的想法还是不变，只是加深两个人的成见。蔡珽想：四阿哥坐上皇位，其中的一个原因就是遇上自己，自己的运气帮助了四阿哥。而年羹尧则认为老子给你介绍了货真价实的皇帝，你更要懂得感恩吧。

在两种完全不同的观念的作用下，后来发生的一件小事情，让两位大臣反目成仇。蔡珽很喜欢吃又甜又鲜又嫩的塘栖枇杷，每年五月枇杷熟的时候，他总派人送给年羹尧两篮。那一年蔡珽没有送年羹尧，蔡珽

想法也对，为什么要年年送啊，你又不是我的再生父母或者大恩人。年羹尧却认为蔡珽没有良心，自己帮了他这么大的忙，没有感恩也就罢了，以前送枇杷，现在却没有了，分明是对自己不尊重。

后来，年羹尧升为川陕总督，蔡珽也升为四川巡抚。年羹尧开始刁难蔡珽。年羹尧的手段也非常高明，一般刁难谁，就向谁进攻，但是年羹尧却把黑手伸向了蔡珽的亲信，打击你的亲信，疼痛到你肉里。蔡珽的亲信级别相当高，是夔州知府程如丝。雍正元年（1723 年），年羹尧疏劾程如丝贩卖私盐，残害盐商。而蔡珽面对如此凌厉的攻势，没有躲避，也没有退步，而是针锋相对，向雍正皇帝奏称程如丝是一位好官，而且是四川第一好官，直接否决了年羹尧的观点。

年羹尧知道后大骂蔡珽，老子没有公开搞垮你，你小子却跳出来闹事。好吧，你来吧，老子等着你!

蔡珽知道自己已经与年羹尧公开撕破了脸面，既然翻脸了，那就一不做二不休，奉陪到底吧，也让年羹尧尝尝，我蔡珽也不是好惹的。他果断提出针对年羹尧的奏书。年羹尧要在川陕“开采、鼓铸”。蔡珽便上疏皇上说:“四川不产白铅，开采非便”，以此阻止在四川开采石料。

年羹尧与蔡珽的斗争中，感觉自己始终处于下风，但是此时出现了一个千载难逢的机会，让年羹尧一鼓作气将蔡珽拿下。重庆知府蒋兴仁收受一大笔贿赂。蔡珽得知手下不廉洁非常不快，不是因为蔡珽太廉政，而是这个知府吃独食，没有孝敬蔡珽。蔡珽把重庆知府蒋兴仁唤来，狠狠臭骂了一顿，目的是吓倒他，让他乖乖地将非法所得吐出来(给自己)。蒋兴仁却吃错了药，还以为蔡珽要拿他办案，他想自己的贪款数额巨大，足够让他丢掉脑袋九次。蒋兴仁知道酷刑凌迟、斩首的残虐，两条腿便不听使唤地颤抖起来。蒋兴仁虽然胆子小，但是却不怕死亡，他选择了上吊自尽。据此，年羹尧狠狠地参了蔡珽一本，说他逼死了重庆知府蒋兴仁。

这事传出去后可不得了，雍正皇帝下旨免除了蔡珽的巡抚一职，并押送进京审理。这让年羹尧开心至极，谁还敢与老子作对？与老子作对，都没有好果子吃。

进京后，蔡珽大胆辩解，说蒋兴仁是生病致死，是累死在工作岗位上的。蔡珽的运气不错，雍正三年（1725 年）正月，蔡珽被免除罪责，光明正大地从监狱里走了出来，且官复原职。

为什么雍正皇帝会轻易放过蔡珽，史学界有不同版本。本人认为这其中有两个重要的原因。

一是雍正皇帝是蔡珽的铁杆粉丝，尤其喜欢看蔡珽的诗文，特别是其所著的《守素堂诗集》《楞严会归》等书。如此才华横溢的“男神”，雍正皇帝实在舍不得杀他。可见，一个人学一两项本领非常重要，危难时刻可能会救自己的小命！

二是举报人年羹尧在雍正皇帝心中的地位已是一落千丈。年羹尧傲慢、狂妄、嚣张，他称王称霸的野心已渐渐显露。雍正皇帝对年羹尧非常反感，年羹尧所举报的事情，他当然不予采纳。

难逃罪责

雍正三年（1725 年）正月，年羹尧贪赃枉法一事败露，使蔡珽有了转机，雍正皇帝免除其罪。二月，雍正皇帝亲自召见蔡珽，说他的获罪“系年羹尧参奏”所致，并授予蔡珽为都察院左督御史。蔡珽官运不错，不久又被升为直隶总督、吏部尚书等高官。

雍正四年（1726 年）四月，直隶昌尹营参将杨云栋被查贪污军饷。这让蔡珽吓出了一身冷汗，杨云栋是他的学生，而且杨云栋贪污的银子有一半进了他的口袋，如果杨云栋出事，自己绝难逃干系。蔡珽心里大骂杨云栋是庸才，这种事情都做不利落，搭进你的小命是小，连累老子的大好前程是大。

此刻的蔡珽如热锅上的蚂蚁，他决定救杨云栋，当然这也是为了自己。于是，蔡珽出面力保杨云栋，如果杨云栋过了关，自己就会高枕无忧。蔡珽的性格是要么不做，要做就绝对做到位。他极力保举杨云栋是个清正廉洁的好官，还信誓旦旦地说，我认识他，了解他，此人绝对为官清廉，不可能贪污腐败。这不是睁着眼睛说瞎话吗？明明杨云栋贪污

腐败，连菜场上卖菜的大叔大妈都知道了，你却说他是好官，谁信啊？这一回，蔡珽失策了，因为张廷玉掌握了杨云栋贪污的真凭实据，你说再多的假话，也不管用啊。

蔡珽的文采，张廷玉还是认可的，但此事却令张廷玉对其有不同的看法，此人人格有问题。另位一个大哥级的人物同样对蔡珽极不满意，此人就是雍正皇帝，他开始给蔡珽颜色看，然后给蔡珽降职，其速度如走下山之路。四月，雍正皇帝解除他左都御史、都统事职务；七月，解除他的吏部尚书之职务；十月，将他降为奉天府尹。这让蔡珽清醒地认识到雍正皇帝不会再重用自己，但是此刻的形势还是不是太坏，不管怎么说，还能保全高官之位。能保住这个饭碗，已属万幸。

按照蔡珽的罪责，将其削职为民是轻，坐牢判刑更是理所当然。但是大权独握的雍正皇帝实在欣赏蔡珽，不想让这位尊敬的老师成为阶下囚。

此时的蔡珽运气非常不好，真是一波未平，一波又起。这时，有一个违法犯罪之人叫汪景祺，是举人出身，喜欢写东西，别人写东西是为了扬名，他写东西纯粹是为了保护自己，有朝一日出事，可以拿出来保护自己。

汪景祺很有创意的，他给自己写的这个本子起了一个响亮的名字《西征纪实》，此中详细记载了蔡珽在四川任巡抚时，曾接受夔州知府程如丝贿赂，共计纹银六万零六十两、金子九百两。

单凭这笔贿赂，蔡珽也是一只该打的大老虎。

蔡珽曾写有一首《经桃源》，雍正皇帝很是喜欢。这首诗是蔡珽的力作，描写了一个优美的环境。雍正皇帝是越看越喜欢，甚至能背诵下来。

经桃源

停舟聊小憩，散步野堤边。独树下归鸟，寒江多晚烟。
坡头僧劚药，渡口客呼船。知是仙源路，风光别一天。

此外，雍正皇帝还经常翻看蔡珽的《守素堂诗集》。虽然蔡珽犯罪事实清楚，但是对偶像下手却很难，他实在下不了这个决心。

张廷玉也看清了雍正皇帝的优柔寡断，决定帮这位大哥一个忙，让他下定决心除掉蔡珽。张廷玉知道雍正皇帝最恨之人不是贪污腐败，而是结党营私，因为皇上是世上最大的光杆司令，他也喜欢手下人也都是光杆司令，如果大臣之间结党营私，发展到一定阶段，有可能会架空皇上，甚至篡位夺权。这是历朝历代皇上最为提心吊胆的事情。因为皇位太吸引人，多少人做梦都想坐一坐!

张廷玉给雍正皇帝奏报了一个事实，足以让其对自己的偶像下手。巡抚田文镜曾弹劾黄振国贪劣不法，蔡珽却为黄振国翻案，还力荐黄振国为河南信阳州知州。之后，直隶总督李绂也进京奏言黄振国无罪。同时，御史谢济世也干脆利落地弹劾田文镜，大呼黄振国冤枉，认为黄振国是个好官。

可黄振国的罪名经雍正皇帝亲自过问后，证明其罪孽深重。面对三位大臣联合为黄振国喊冤叫屈，雍正皇帝只能慨叹“天理昭彰，胆寒毛骨为之悚然”。从此事中，雍正皇帝掌握了蔡珽结党营私的间接证据，他决定马上将蔡珽收监。

经过审理，决定立斩黄振国，判蔡珽斩监候，入狱。

后来，蔡珽被朝廷赦免，于乾隆八年（1743 年）病逝在家中。

可见，才华可能会帮助一个人获得更多的荣耀，但却不可能减轻一个人的罪责!

第九章 与李卫联手

棚民问题

雍正皇帝作为太平盛世的皇帝，臣民认为他过得很舒服、很惬意，其实不然，家家都有本儿难念的经，皇上也如此。他面临的辣手问题也不少，其中最令他寝食难安的问题就是棚民。

何为棚民？棚民就是那些离开家乡且没有固定居所的居民，即流动人口。

当然，雍正皇帝不会担忧几十个或者上百个棚民，人少成不了气候，但是如果当成千上万的棚民涌现，确实令他忐忑不安。蚂蚁虽小，却足以毁灭大堤。雍正皇帝紧锁眉头，他深知对皇位垂涎三尺的人比比皆是，稍有不慎便可危及国家政权。

雍正元年（1723 年），安徽、江西、湖北、四川等地方的官员像雪片似得向朝廷上书，反映当地已颇具威胁性的棚民问题。

一方面，棚民生活条件多数不好，如果家境好，谁愿意背井离乡过着居无定所的流浪生活？另一方面，棚民与当地常住百姓的风俗、语言、观念等差异较大，经常出现这样或那样的纷争，时不时还会爆发群体性斗殴事件。因此，棚民已严重影响地方的社会治安，是地方官员的心病。

棚民的社会地位极低，地方官员都不欢迎棚民，把他们当成讨债鬼，对其实行打压政策。为了进一步控制棚民，清廷设定了种种限制，比如规定棚民不得流动，不得承包山地，当地人不得招棚民做工……但是老百姓已饿殍遍野，再不外出找食吃，会饿死。官吏虽不断打压，却收效甚微。

朝廷打压棚民，不让他们流动。这些政策与历史发展的客观规律格格不入，谁要违背客观规律，谁就会受到惩罚。比如在清廷颁布打压之举后，棚民的数量不但没有减少，反而却与日俱增，仅安徽徽州地区的棚民数量就大得惊人，其中祁门县为5792365人，休宁县为3952522人，歙县为3341415人，最少的为黟县的969人，总计徽州地区一共有棚民15638681人（见《徽州府志》）。这些数据说明有这么多人为了求生存，不得已四处讨生计。

面对如此复杂的棚民问题，雍正皇帝相当头疼，他深谙其中的道理，这些人现在是一堆干柴，假如有人点一把火，必将燃烧，国家就会乱成一锅粥。他很想亲自去调研，拿出一个切实可行的解决方案，但是朝内这么多公务要亲力亲为，实在脱不开身。雍正皇帝想来想去，决定派人去，最合适的人选就是自己的心腹张廷玉。他太了解张廷玉了，此人办事认真、细心、负责，又会整理、策划。之前，张廷玉办事从不撂下难题，派他去，如同他自己亲自前往。

一个人的才能，从来不是吹牛而来，而是从磨砺中体现出来的。

张廷玉接到圣旨后，披星戴月地赶到安徽徽州，开始深入基层调研。那天，张廷玉带着手下来到一个棚民区。棚民见一位穿着官服的官员过来，马上作鸟兽散。张廷玉叫他们回来，可谁也没有理他。老百姓对官员已经没有好感，官员不是要赶他们走，就是约束他们的行为，在他们眼里官员绝不是好人，最好一年四季都见不到官员，这才是他们所期盼的生活。张廷玉带随从走了不少家，可棚民对张廷玉的态度却一成不变：避而不见，见而不谈。这让张廷玉很是纳闷，自己作为朝中官员，又是皇上的亲信，地方官员、老百姓巴结都还来不及，怎么会不见他？这让张廷玉感觉委屈。

张廷玉返回住所后，经过仔细分析，终于找出了原因，是地方官员对棚民的高压政策，让棚民有了一个错误的认知：官员不是好东西。解

决这个问题对张廷玉来说轻而易举，就是脱掉那身“恐怖”的官服。当天晚上，张廷玉派小华子借来了一套平民的旧衣服。

第二天，张廷玉穿上平民的旧衣服，带上小华子进入了棚民区。棚民见他们两个也是普通老百姓，便态度友好起来，大家畅所欲言，说出了心里话。

“朝廷怎么才能让棚民满意？”张廷玉问。

有人说：“朝廷解决我们的温饱问题即可。”

“但是朝廷也没有这个实力啊！”

“可官员在天天地大鱼大肉，而我们只能喝西北风。”

张廷玉说：“自己劳作，可丰衣足食。”

这时，一个大胡子的汉子说道：“我租用了一个山头种苞米，可官府的衙役却三天两头来找我麻烦，说我不得租用山头，还说种苞米会使山地泥沙流失，填进水渠，成为水患。”

“他们什么意思？”

“官吏的意思，说白了，就是让我们滚！”

当晚，一轮皓月当空，张廷玉拖着疲惫的身体返回住所，躺在床上辗转反侧，久久不能入眠。他走出屋子，眺望星空，感慨万千：“棚民问题不解决，大清必会风雨飘摇啊！棚民也是人，不解决好棚民的问题，我就不如回家种红薯！”

百姓拥戴

张廷玉在徽州调研了一个多月，之后又马不停蹄地跑去江西、湖南。在江西、湖南调研期间，张廷玉日初而出，月升而归。张廷玉虽然学富五车，进士出身，但还是遭遇了地方文化的严重挑战，比如说他就从来没有学过地方话。这些地方话南腔北调，让他听起来非常费劲。当然张廷玉在不断地与众多棚民的沟通下，逐渐克服了语言上的障碍。

在这段岁月中，张廷玉终于懂得了棚民的苦衷，棚民千里迢迢远离故乡，并不是要发财，也不是要风光，实际是没有办法的办法，家里已经穷得揭不开锅，连啃树皮、吃观音泥，也逃不过最终被活活饿死，因此只要有一丝活命的希望，就是千难万险也敢去闯。棚民的生存困难深深刺痛了他的良心，如此在死亡线上挣扎的民众，地方官员并未替他们的考虑。张廷玉深知自己的责任重大，他立即起草了一道奏书，内容是实际处置棚民的方案。

雍正皇帝收到张廷玉的奏章后，经过仔细阅读，归纳了三条处置棚民的意见：一是安置棚民，免费给对方上户口，纳入保甲编制；二是进入保甲编制后，由地方衙门统一管理，不得与当地居民肆意闹事，并接受忠君爱乡的思想启蒙；三是鼓励棚民子女进入当地学校读书，地方官员不得以任何理由收缴插班等费用。

在这三条意见中，每条每句都是在替棚民着想。雍正皇帝是龙颜大悦，心想张廷玉不愧是自己的得力干将。按照以往的风格，雍正皇帝定会表扬他一番，但是张廷玉是自己的秘书，得到的表扬、奖励比较多，大臣也已经习惯了，不会有什么惊讶。

可雍正皇帝毕竟是皇帝，说话水平高，明明要表扬张廷玉，却批评对方，给他一定的压力，希望他继续脚踏实地地前进。雍正皇帝说："张廷玉现在工作不如以前了，是不是不在朕身边的原因啊？"

大臣们见皇上如此批评张廷玉，心里那个乐啊：张廷玉，以前你总是得到皇上的称赞，现在你的好日子到头了。不少大臣也是落井下石的高手，况且张廷玉又不在京城，但是他们找来找去，却找不到张廷玉的把柄。

雍正皇帝见朝堂上众位大臣交头接耳，议论纷纷，便用洪亮的声音说："朕认为张廷玉的奏书，写得不完整，退给他再去调研。"

张廷玉接到圣旨后，沮丧极了，自己花了九牛二虎之力，终于整理成前无古人、后无来者的意见，可皇上却不满意，他感觉到了前所未有的压力。张廷玉知道皇上是在考验自己。经过一番的苦苦思考，他终于发现自己的建议文书也有一点点的缺憾。

这个不足就是没有写明棚民应尽的义务。皇上最担心他们造反，而

在奏章中，他却并未提出制约他们的制度。

于是，张廷玉经过苦苦思索，终于想出了办法，那就是实行“千户制”。所谓“千户制”，就是每一千户派出十人左右的小兵站，协助当地县尉、捕快维持社会治安。

这一招当然非常受雍正皇帝的喜欢，能够看住、管住棚民，他心里的一块石头才终于落地。

张廷玉的报告也受到了当地百姓和棚民的欢迎。老百姓经常往张廷玉的住所送鸡，送鸭，送鱼……把张廷玉视为自己的再生父母。张廷玉却对百姓送来的礼物，一概拒之。

这一天，张廷玉终于完成了解决棚民的任务，决定回朝。这个消息被老百姓知道了，老百姓决定为青天老爷张大人开个欢送会。小华子把这个消息及时地报告给了张廷玉，张廷玉的额头却挤成了一个“川”字形。

小华子说：“老爷不喜欢这个形式，小的便通知衙门，让他们贴个告示，取消欢送仪式。”

“不，不用了。我自有办法。”

次日清晨，天还灰蒙蒙一片时，张廷玉便带上随从小华子等人出门回京。

小华子说：“老爷比我等小人可厉害多了！”

“什么意思？”

“我们提前出发，便可以避开欢送仪式了。”

张廷玉看了他一眼，却并没有接这个话题。

当他们走过一条弯弯的小路，准备拐进大道时，前面出现了非常惊人的一幕，只见黑压压的一片民众挡在路中间。

小华子吓着说道：“是强盗抢劫吗？”

马夫听到是强盗，脸都白了，马上便将马车调头。在准备逃跑时，前方那批人“呼啦啦”地冲了过来，跪拜在地，高喊道：“张大人是我们的青天大老爷。”

张廷玉听到后，赶忙下了马车，搀扶起一众百姓。

这让小华子惊讶不已，百姓是怎么知道他们要提前离开的呢？

张廷玉向前拉起带头的一位大胡子汉子。大胡子汉子捧起一杯酒说：“我是棚民胡老三，张大人为我们棚民制定了能活下去的政策，就是我们的再生父母。听说张大人今天要辞行，我们便早早候在这里，现在敬张大人一杯送行酒……”

“为官就是替百姓办事，不值得一提啊。”张廷玉赶忙答道。

可大胡子汉子却大声说道：“我们百姓，请张大人喝一杯薄酒。”

四周的百姓，也跟着大声附和。

于是，张廷玉上前半步，接过大胡子汉子的酒，说道：“那我们便敬大地一杯酒吧！”说完，他把酒轻轻洒在前面的大地上！

随后，张廷玉与民众挥手告别……

这时，人群中有人高喊：“张大人是个好人啊。离别都不愿带走一杯薄酒！”

一杯酒确实微不足道，但是张廷玉却很在意这个细节。一点小小的约束，令一个人的形象高大而可爱！

李卫斗王爷

在雍正皇帝手下当官，日子确实不好过，朝廷实施严格的考核制，可谓真刀真枪，一旦过不了关，轻者打包袱回家，重者充军坐牢。但是对有才华、有实力的官员则大不一样，比如张廷玉、李卫，他们深受雍正皇帝的欣赏。

李卫是江南铜山（今江苏徐州丰县大沙河镇李寨）人，是个典型的“富二代”。李卫自幼爱玩，父母也非常宠爱这个宝贝儿子，他要玩就让玩，还让他玩个够。李卫什么都玩，就是有一样不玩，那就是读书。父母见李卫不读书，也没有逼他。李卫的父母是开明、有见地之人，读书虽好，但也不是孩子成长的唯一渠道，只要儿子聪明、健康、正派，就相当满意了。李卫在这样良好的氛围中一路玩儿大，成为一个标准的“帅哥”，非常讨人喜欢。

李卫长大后，想着当官，但是他读书不行，一说考试就头疼，还怎么当官？但李卫的父母却有办法。在大清朝，不读书、不考试但却当官，并不是很难，只要有钱就行。有钱能使鬼推磨。当然这个钱不是去行贿官员，而是捐官。康熙五十六年（1717 年），李卫捐资为兵部员外郎。

李卫虽然没文化，但是会说会聊啊。不久，李卫被户部相中，去了户部上班。也在此时，李卫结识了张廷玉，张廷玉没有小看这位有钱却没文化的小伙子，即使如今，有钱没文化的人也还是非常吃香的。当然，张廷玉是喜欢李卫这种直来直去、不畏权贵的性格。于是，两人成为朋友，有时还一起喝酒畅谈外面的世界。

李卫进入户部后，上司分给他一项重要任务，那就是给众位王爷分银粮。这是一份光荣而艰巨的工作，李卫的几位前任都没有做好，领导也不会想到李卫会解决，因为就是户部尚书本人也难以搞定。然而正是这份得罪人的工作，最终却让李卫一鸣惊人，名扬天下。

户部要给每位亲王分银粮一千两，亲王并没有着急地去领银粮，因为不马上去领，也不会缺斤少两。有一位亲王，总喜欢贪小便宜，每次总要多拿一些。这次他要多拿，却被李卫叫人阻止了，但对方是王爷，谁敢与王爷拉拉扯扯，万一王爷摔一跤，你的小命不丢，饭碗也要被砸碎。

李卫见劝阻不了，便向上司报告。上司说：“这位王爷以前也这样的。他们实在没有办法。”

“我们应该向皇上奏明。”

“你小子脑子不好使啊？这位亲王是康熙爷的儿子，儿子多拿老子一点钱，老子会责备他吗？当然不会。”

“那怎么办？”

上司说：“我也不知道。”

就这样，李卫遇上麻烦事了。他来到张廷玉家，张廷玉见李卫过来，就请他喝酒。

李卫深知张廷玉是皇上身边的红人，读过很多圣贤书，办法应该比自己多。于是，他就把自己工作中的麻烦、苦衷一股脑儿地倒了出来。

可张廷玉却只顾饮酒，没有接李卫的话茬。

“张大人，每次分银两，这个亲王总多拿银粮。这本账我做不平了，万一哪天查账，我要吃官司、坐大牢。”

“什么官司？”

“至少是渎职罪。”

张廷玉调侃道：“李大人，你家不是很有钱吗？你会在乎这点儿银粮？”

李卫才知道领导的险恶用心，怪不得要把自己从兵部调到户部。但是钱要花在刀刃上，该花的钱绝不含糊，不该花的钱，一分一钱也心痛啊！

张廷玉说：“李大人是年轻的大清官员，你得自己想法子啊！”

李卫听后心里直骂娘，老子要有办法还会来请教你吗？他心里很不爽，可脸上却装出笑容说：“还请张大人赐教！”

张廷玉沉思片刻，突然，指了指着院子里的走廊。

“这是什么意思？”

张廷玉只管饮酒，不言语。

李卫再问，可张廷玉就是不说话。

之后，李卫喝了几杯酒，便匆匆离开了张府。一路上，李卫开始琢磨张廷玉的寓意，走廊有什么用啊？怎么才能克制王爷的贪小行径？

李卫整整思考了七天，终于想到了对付的办法。

那天，李卫派人写了一张纸，贴在分银粮所在地的廊坊上，内容是某某亲王多领多少银粮。落款，李卫。

这是李卫第一次公然挑战人人敬畏、权倾天下的亲王。大家都想这是李卫吃了不读书的亏，一定会倒霉，不是坐牢就是丢官。

可一两天过后，李卫还是李卫，每天开开心心地上班。而那位亲王终于顶不住舆论的压力，亲自找到李卫，说他跟李卫开了个玩笑，他决定把那多贪的银子退回，并保证以后不再发生类似的问题，并恳请李大人将那张公示撤掉。

原来这位王爷看到自己的丑事被公示出来后，感到实在太丢脸了，只得主动来认错。有人说，软的怕硬的，硬的怕不要命的。

这事虽然被妥善解决，但却在宫内宫外传得沸沸扬扬，李卫也成为正义、勇敢的化身。

四阿哥胤禛得知了李卫的光荣事迹，对其大加赞赏，并把李卫调到自己身边当侍从，当然户部的工作也兼着。

读书可以长知识，但却长不了智慧，智慧是通过实践不断思考、提炼出来的，而不读书的人，如果有足够的聪明，在实践历练中也会长智慧的！

查办鄂尔奇

李卫工作认真踏实，替朝廷尽心尽力，深受雍正皇帝的赏识与宠爱，他与鄂尔泰、田文镜三人被朝野称为“三大模范”。

这位模范人物李卫，看上去与街坊混混无异，站无站相，立无立相，但是这小子侠肝义胆，好打抱不平，眼里揉不得半点儿沙子。这种工作作风，深受百姓喜欢，好评如潮。

老百姓喜欢李卫，都愿意把状书直接送给他。李卫则来者不拒，多多益善。但是李卫也有一件烦恼事，有人向他举报了户部尚书兼步军统领鄂尔泰的弟弟鄂尔奇“坏法营私，紊制扰民”。不管他哥哥是不是尚书，就算是皇上本人，李卫也敢查，只要你犯事，无论皇上，还是皇上的儿子、老婆，他都敢管。想当年王爷多贪那点儿银粮，还不是栽倒在他手里。

李卫对鄂尔奇展开了调查，结果举报情况基本属实。但是李卫也遇到了一个小小的麻烦，因为举报人是匿名，处理上有一些被动。李卫有一种预感，这事暗中有人在操纵。

李卫纠结着，若不及时处理，不符合自己雷厉风行的风格，若查处了，自己可能会被人当枪使，有点儿窝火。而且鄂尔奇是鄂尔泰的亲弟弟，鄂尔泰在雍正皇帝面前比自己吃香，万一是有人设计的陷阱，自己将吃不了兜着走。

怎么办啊？李卫犹豫、困惑起来，也第一次责怪自己不读书，如果用功读书，这种问题应该会迎难而解。真是书到用时方恨少啊！

李卫李大人又天真了一次，社会是一门综合性大学，即使你读再多的圣贤之书，也不一定能完全探索出其中的奥秘。

李卫遇上辣手之事，首先想到的就是张廷玉。张廷玉为人正派、办法多，听听他的意见，只有好处，没有坏处。

李卫找了几次张廷玉，可张廷玉却总说忙，没有时间接待他。

难道张廷玉知道他在查鄂尚书的弟弟，他不想趟这摊浑水？

这之后，李卫每次下朝后，都直接去张廷玉府上。张廷玉才知道此人确实难缠，便在家里安排李卫喝酒。李卫借此机会，把鄂尔泰的案件从头到尾说了一遍。

可张廷玉只自顾喝酒。李卫没有喝酒，张廷玉望了望李卫恳求的眼神，只是举起酒杯，痛饮了下去。李卫说："张大人，我想听听您的意见。"

张廷玉说："不难的，把复杂的事情简单化即可。"

"怎么个简单法？"李卫想张廷玉这是在躲避，是不是在故意忽悠自己呢？

"你不要考虑他哥哥是尚书，你连亲王都敢得罪，还在乎得罪一位尚书吗？"

"不完全是这个意思，我怕被人利用。"

"不要多想了，你只要问心无愧，依律查办即可。圣上、天下的百姓，都会支持你的。"

李卫重重地点了点头。

之后，李卫奏明圣上，革职查办了鄂尔奇。这让尚书鄂尔泰震惊，这个李卫胆子可真够大，竟敢在太岁头上动土，但是想反驳又没有理由和依据。

怎么办啊？没有办法。这之后，尚书鄂尔泰就得夹着尾巴做人。其他大臣也开始提心吊胆，时刻提醒自己做事要小心，若是落在李卫手中

可就麻烦了。

猫喜欢偷腥吃，但是敢冒生命之忧偷腥的猫总要少一些啊！

自从交上李卫这个朋友，最开心的就是张廷玉，他故意不见李卫，只是考验一下这位仁兄的脑袋有多少货。李卫的正义、爱钻研业务，让张廷玉很欣赏。李卫大刀阔斧地查处案件，这正弥补了张廷玉精力和心血上的不足。

李卫，好样的，继续前进！

人情礼物

李卫秉公办理了几件重量级人物的案件，其名声和威信日益提高。大家想李卫现在的位置坐得稳当，可是在大清朝，为官者栽倒的却非常多。不久，有人实名举报李卫，说他在浙江任巡抚、总督期间，大肆收受部下的礼物。

举报李卫一事，令朝野震惊，李卫查处贪官污吏，原来他的屁股也不干净啊！而举报人的身份，也令人惊讶不已，此人就是现任浙江总督程元章！

此时李卫正分管江南七府五州的盗案。

雍正皇帝对这位心腹的案件相当重视，立即派人细查，结果发现举报完全属实。以前雍正皇帝听说李卫为官清廉，不拿百姓一草一木，可现在他却公然接受下级官员和百姓所赠送的礼物。礼物种类还真不少，有塘栖枇杷、径山茶叶、余姚杨梅、鸬鸟蜜梨等。

雍正皇帝相当喜欢李卫，像看待自家兄弟一样。当年李卫曾任自己的侍从，雍正皇帝被李卫那一套马屁功夫拍得舒服极了，后来竟发展到一天不见老婆不碍事，但是一天不见李卫就浑身不舒坦。可见李卫的“拍功”非常到家。

在真凭实据面前，如何处理李卫让雍正皇帝非常纠结。处理李卫就是自打巴掌，让天下人耻笑，不处理吧，难以服从，开了这个先例，往后还能去处罚谁啊。

老狐狸雍正皇帝，面对困难马上有了金点子，那就是把球踢给张廷玉。因为张廷玉与李卫的关系铁，且张廷玉的鬼点子也多，必然有办法让李卫逃过此劫。

张廷玉见皇上召见自己，立即进宫。雍正皇帝说："张爱卿，李卫受贿之案，你也清楚了，该怎么处罚啊？"

张廷玉叩头之后挺直身子说："回皇上，李卫在浙江任巡抚、总督期间，深受百姓和下属的爱戴，收受此人情礼物，也是可以理解的。"

"张爱卿，何为人情礼物？"

"人情礼物，不是贵重礼物，是土特产，比如茶叶、枇杷、梨子等。"

"可收受人情礼物也是受贿啊！"

"这些不能定性为受贿。"

"为什么呢？"

"李卫为浙江读书人恢复了乡试，让他们通过考试进入官场；为海宁的塘栖筑坝 2300 丈，保全了农田；破获了一批盗窃案，追回赃物赃款；改革了盐税制度，让商人得到实惠……这样的一个人，接受点儿人情礼物也属人情往来啊，当然谈不上受贿。"

"不叫受贿，那叫什么？"雍正皇帝笑眯眯地故意追问。

"是人情往来！如果连人情往来都没有了，当官也不过如此，至少在百姓心目中也就没有地位了。"

"张爱卿，你的见解说到朕心里了啊！"

"那请问圣上该如何处理李卫？"

"朕不仅不处理李卫，还要提拔他为兵部尚书。让天下人看看，朕对好官、清官的处理方式完全不同。"

"可皇上，浙江总督程元章动机不良啊！"张廷玉说。

"不过程元章也没有错啊！"

"是的，他反映的情况真实可靠，没有一丝一毫的捏造。"

"程总督的意思，朕非常清楚。"

"皇上，那是什么啊？"张廷玉追问。

“程元章就是嫌前任李卫插手浙江事务，给他的工作造成了一些被动。”

“那怎么办？”

“不用管他，李卫升了兵部尚书，给程元章几个胆子，他也不会再举报李卫了。”

李卫被查了，当然提心吊胆，还好有“靠山”照应，最后终于逢凶化吉。

李卫是好人，也是好官，好人终归有好报啊！

当官要有朋友，要有百姓，更要有“靠山”，不然即使李卫再有本事也会中枪，说不定还不知道子弹是从哪里射出来的。

有“靠山”确实是好，令人羡慕，但是有“靠山”也要有一个前提，那就是必须有足够的能力和实力，否则就是“靠水”，随时随地会被淹死！

金点子

这几天，雍正皇帝愁眉苦脸，闷声闷气，因为他遇到了现在的许多老板相同的尴尬，发不出工资。朝廷官员的俸禄没有着落，传出去让他脸面无光，但是没有银子，遇上神仙也没辙。

国库亏空，这与雍正皇帝其实没有直接的关系，他爹康熙交给他一本亏空账，家里可以说是一穷二白。康熙皇帝南征北战，都是烧银子的工程。平定三藩，一打就是八年。后来收复台湾战事，击败霸占了黑龙江大部分地区的俄国沙皇军队，征服蒙古部落造反，反正康熙皇帝东打西打，仗是打赢了，帝国的版图扩展了，疆域比鼎盛的唐宋时期都广阔，康熙皇帝自己当然是非常满足，但是残酷的现实告诉他，虽然赢得了战争，但却输掉了经济。

康熙皇帝的晚年，大清的国民经济到了快崩溃的边缘，可官员仍旧贪污腐化，一些地方已爆发小规模的反清起义，并伴随着不断的土匪骚乱……

雍正皇帝自从接手了这个烂摊子，就没睡过一个安稳觉。想想这空空如也的国库，他就莫名其妙地发脾气，有时全身发冷，心痛不已。

哲学告诉我们，经济基础决定上层建筑。当个皇上没有钱财，比老百姓家揭不开锅还要难过。比如明朝的崇祯皇帝，穷得衣服打补丁，为了不让人看出是补过的衣服，他走路都很慢很轻，担心走快了，补丁会漏出来。皇帝当到这种程度，也真是够呛。

在经济上，雍正皇帝比崇祯皇帝也好不到哪里去，他唯一的优势就是政治比较稳定，没有一批批大规模的起义。

那天，雍正皇帝侧身坐在龙椅上，扫了一遍在金銮殿上的众多文武百官，提出了一个尖锐而现实的问题。他严肃地问："怎么才能让国库丰盈？"

饱读诗书的文武百官听到这个命题，知道四书五经上是没有答案的，个个都低下头，作沉思状。

雍正皇帝等了好久，也没有哪位大臣出班起奏。雍正皇帝火了，心想，你们吃我的，穿我的，有问题时却一个个不吱声，你们读得哪门子圣贤书啊？雍正皇帝立直身子，拍了一记龙书案，高声骂道："朝廷养了你们这批人，该你们出力时，却装聋作哑，你们是不是来骗取俸禄的？"

这时，十二王爷允裪出班说："皇上，臣弟认为，要发展经济，可以与少数民族、外国发展经济贸易合作。"

雍正皇帝摇了摇头，说："与国外贸易，挣钱还可以，只是风险太大，遇上抢劫抢夺事件，经常血本无归。"

这时，怡亲王出班说："皇上，要银子，臣弟认为很好办啊！"

大殿之上静悄悄的！

众臣惊喜若狂，大救星来了。怡亲王吸了一口气，继续说："对老百姓加收税款，没有钱的百姓，统统拉去服徭役。"

许多大臣频频点点头。雍正皇帝白了一眼怡亲王，高声说："不行，百姓的税赋已经不轻，再加税就会雪上加霜，会引发不稳定因素。"

大臣们齐刷刷看着张廷玉，因为每次遇到棘手问题，总是张廷玉出

马，从容不迫地化解问题。张廷玉见躲不过，也不客气。他行过君臣大礼后说：“皇上，银子关系着大清的命脉，要让国库丰盈，确实非常困难。”

群臣一阵骚动，看来这张大人也没辙，这次是真的没辙了。

雍正皇帝说：“张爱卿，你有没有好点子？”

“皇上，微臣有一个办法，可以试试。”

“什么办法？快说！”

“向官员要银子。”

此话一出，大殿之中乱成一锅粥，大臣们惊惶失措，两个月的俸禄没付，却还要向我们要银子，老子又不会生银子，这个张大学士是不是脑子不好使了？

雍正皇帝问道：“张爱卿，如何向官员要银子，难道要向官员征收税款吗？”

“皇上，微臣的建议是向贪官污吏开刀，哪个部门亏空，便首先查哪个部门的账。查清官员的收入，如果是贪官，就把赃物赃款没收。这样，既能解决眼下国库亏空的燃眉之急，又可以惩治贪官污吏。”

好办法，真是一举两得！

一时间，大堂上，有的大臣伸伸舌头，有的大臣面色发紫发白，有的大臣窃窃私语，有的大臣谈笑风生……

雍正皇帝坐稳龙椅，面露喜色，说：“朕完全同意张爱卿的建议。朝廷来钱有许多合法合情的办法，这次既能惩治腐败，又能解决国库亏空问题，真是千金难买的金点子！”

张廷玉，真个是敢想敢说，真男子也！

严查内务府

知悉皇上颁布了追查贪官污吏的圣旨，最开心的官员当属李卫。他手舞足蹈地让人写奏书，要求把这件事情上升到法律层面上。

雍正皇帝得知后，龙颜大悦，立马责令刑部拟定法令；并派出钦差大臣全面清查康熙年间以来国库所亏空的钱粮；各级衙门要接受严格的审查，所有亏空的钱粮必须在三年内补齐；同时，不许向百姓摊派，一经发现此类事情，将予以重办。

如此严厉的法令颁布，各级官员立刻大惊失色，因为雍正皇帝所说的重办，不是摘你的顶戴花翎，而是要你的小命。

雍正皇帝把张廷玉传到南书房，问："追查贪官，该从哪里下手？"

张廷玉思考片刻后，说道："回皇上，听说内务府亏空大，只是涉及王爷，微臣不敢多言。"

"有话快说。有什么事，朕都给你担着。"

"内务府一直是由十二阿哥允祹负责。此处油水极大，影响也极坏。如果能从内务府着手查起，既可表明皇上整治贪腐的决心，又能杀一儆百。"

"王子犯法与庶民同罪，爱卿不必忌惮。"

这之后，雍正皇帝立即下旨严查内务府。这个好消息一经传出，地方各级有猫腻的官员惊恐万状。内务府又不是他们经营的，他们害怕什么？道理很简单，皇上对亲弟弟要动手，他们这些虾兵蟹将也在劫难逃。

最可笑的是十二阿哥允祹，平日里，大腹便便，颐指气使，自从接到追查亏空的圣旨，便整天在家里抱着老婆孩子痛哭。

内务府亏空多少银粮，全由十二阿哥允祹填补。十二阿哥允祹以前贪污的那点儿公家钱粮，现在都要他一下子退出来，而且都是白花花的银子，能不让他心疼吗？没办法，他只能在家痛哭，就是不想把银子拿出来，他也知道这个窟窿太大，难以填满啊！

此时张廷玉来到王府。十二阿哥允祹见到张廷玉如见到救星，擦去泪水，笑脸相迎，并拉着他的手说："张大人，这次还要全仗你帮忙啊！"

张廷玉说："微臣能帮忙的就是提个醒儿。这个窟窿不管多大，王爷也一定要补齐。"

十二阿哥允祹想，看来张廷玉是说客，那就先搪塞一下吧。他说：

"本王哪里有那么多银子啊？"

"不去补上，就是违反了圣上的旨意，是要充军坐牢的。"

"本王没有那么多钱，坐牢就坐牢吧！没钱的日子，和坐牢有什么两样？"

"王爷，这个微臣可完全不赞同。如果王爷把窟窿补上，你还是王爷，每月照旧领取朝廷的俸禄。如果坐牢了，你就是犯人，可能要抄家。抄了家，不要说你的俸禄没有了，就连你家的银子也不是你的了。"

"不是本王的，那会是谁的？"

"全归朝廷所有了。"

十二阿哥允裪见此，赶忙问道："张大人是不是在骗本王？"

"微臣为皇家尽忠，欺骗王爷您，那不是活腻了？"

十二阿哥允裪送走张廷玉后，骂道："爷是堂堂正正的皇子皇孙，却受这些汉臣的气，真是虎落平川被犬欺。"紧接着，他从楼内走到楼外，又从楼外走到院子里，走了半圈儿，便突然瘫倒在地。望着金碧辉煌的宫苑，十二阿哥允裪心想，不填亏空，就要坐牢，自由当然比银子贵重得多。

次日，十二阿哥允裪便把家中的银粮全都拿了出来，但是仍然填不了那个大窟窿。十二阿哥允裪做事还是认真的，银粮不够，那就倒卖家里的书画、玉器，最后还是不够，他就把家里的桌椅、大床、丝棉被都拿出去卖，最终七拼八凑地终于填平了那个窟窿。这时，他家里只剩下了一个空空的宫苑……

十二阿哥允裪虽然一贫如洗，但是他的命运却明显比其他官员好，因为下一步出台的整治政策，会让那些有猫腻的官员真正心惊胆战！

海底捞

整治贪官污吏的行动如火如荼地进行着，国库也在不断地充盈。派出各地的钦差大臣所向披靡，总能取得不错的成绩。但是雍正皇帝仍然觉得不够，因为这离补足国库还远着呢，这点银子属于杯水车薪。

雍正元年（1723年）八月，通政司官员钱以垲看出了皇上的心思。为了讨好自家主子，他提出了一记狠招：凡是亏空官员，先抄家，后查办。

这招真绝，可防止贪官将财产转移。雍正皇帝正缺钱，毫不犹豫地便利用了这剂有效的猛药，同时极力表扬钱以垲大人的智慧。这个高帽子一戴，钱大人便高兴得分不清东南西北了。

为了鼓励钦差大人的敬业精神，雍正皇帝还下了一道啼笑皆非的圣旨："请各位钦差大人务必查抄到底，多多益善。"若是查到山穷水尽处，雍正皇帝也有办法，本人没有银两就让他们的子孙来偿还，让他们子子孙孙都做穷人。

这道旨意一出，天下人才知道雍正皇帝不是在整治贪官，而是要榨干贪官的钱财，他是在搞"海底捞"。

雍正皇帝这么一搞，那些还不了亏空的官员压力很大，有些人狗急跳墙，想拿了钱财就跑，在这里被逼死，还不如浪迹天涯海角。虽然普天之下莫非王土，但是贪官污吏多如牛毛，许多逃犯也成了漏网之鱼！也有胆子小的贪官，采取的办法很实用，就是畏罪自杀。他们相信：大不了一死，一死百了。比如广东道员李滨就是畏罪自杀。

有人说，自杀是胆大者所为，敢于结束生命，而我认为自杀者是胆小者所为，他们胆小如鼠，怕直面问题，在逃避责任。自杀的官员一多，除了舆论会给朝廷施加压力外，还会让朝廷收不到钱财，因为人死账清，这是亘古不变的规矩。而且钦差大人也是人，大家毕竟同朝为官，逼死了人，还要在他家里搜刮钱财，良心上也过意不去。

怡亲王发现了这个问题，马上向雍正皇帝奏明。雍正皇帝也没有办法，他直愣愣看着张廷玉，他相信张廷玉必然有好的建议。

张廷玉见皇上望着自己，便出班行礼说："历经四年整治，廉政之风明显好转，但是国库亏空依然严重。如果贪腐官员一旦自杀，就放弃追查其财产，那是玩忽职守。"

雍正皇帝听后点点头，张廷玉的话真是说出了自己的心里所想。雍正皇帝说："想用自杀逃避责任和财产，没门儿！就是逃到阎王爷那里，

朕也要将他的账目查清，将贪得的银粮追回。”

死了的官员也要追查，这让雍正皇帝有了意外的收获，因为自杀官员往往是在替其他官员隐瞒。这次动真格后，福建巡抚毛文铨、闽浙总督高其倬、广东巡抚杨文乾等人，这些死去的官员要么不查，一旦追查，就能带出一窝。

雍正皇帝真是把钱看得比命还重要。虽然这种搞法有点儿缺德，但国库亏空终究还是被填满了。

雍正皇帝在张廷玉的鼎力协助之下，使运转困难的国家又重新焕发出勃勃生机！

第十章 伴君如伴虎

缔结婚约

雍正四年（1726年），因为张廷玉对棚民问题处理果断、有效，使得他官运亨通，雍正皇帝任命其为文渊阁大学士、翰林院掌院学士。这一回是一次质的提升，张廷玉的角色从秘书上升到了宰相！

本来张廷玉在官场就非常吃香，他是皇帝的秘书，既能嗅到皇帝那边的风吹草动，又能在皇帝面前说一不二。这次被提升为大学士后，张廷玉如日中天，朝野上下对他是另眼相看。这时的张府一下子热闹了起来，官员和客人有事没事就来套近乎，都想着能攀龙附凤。这对许多人来说是好事，但是张廷玉却并不乐意，反而头疼。见客人的话，自己看书的良好习惯便要丢掉（没有时间看书）；不见吧，又怕他们说自己架子大，往后还有许多工作需要他们配合。

进士出身的李绂也来拜见张廷玉。李绂见了张廷玉，不说官场之事，只聊文学和学问。张廷玉见他博览群书，学富五车，也非常欣赏他，彼此交流心得，两个人聊得畅快。

李绂是非常聪明的人，他知道要成为张廷玉的铁杆朋友，送钱送物是最傻的办法，因为张廷玉不会收，即使张廷玉收下钱财，也很难与他一心，以张廷玉的才华、性格，一定会更看不起自己。于是，李绂想出了一个绝妙的办法，既不用花半分钱，又让张廷玉死心塌地把他当自己人。这个办法其实很简单，就是把自己的千金许配给张廷玉

的儿子，双方结成儿女亲家。何况张廷玉的儿子张若霭年纪轻轻就已非常优秀，在诗歌、绘画方面出类拔萃，在京城名声较大，考个进士也如囊中取物一般。

李绂每每喝酒尽兴时，便将自己想把女儿许配给张若霭的意思表达出来。一般遇上这种情况，作为父母会很开心，因为自己的儿子被人相中，但是张廷玉却一点儿也不高兴，因为他听说李绂这个人虽然聪慧，但却骄横。

张廷玉面对李绂的进攻，也以其人之道还治其身，李绂请客喝酒要提儿女之事，张廷玉便猛喝三杯酒，当即佯醉，这样既可不接受对方的请求，又可以给对方颜面。

一般人遇上这种情况，便不会再纠缠下去，找个台阶下就行了。但是李绂却与众不同，他想要得到的东西，从来不曾失手，比如小时候志在考取进士，后来便梦想成真。

真是世上无难事，就怕有人心啊！

李绂请来了好友蔡王廷。蔡王廷是左都御史，是有名的铁嘴，而且与张廷玉的关系还不错，只要他出面说媒，没有成不了的事。

当蔡王廷进入张府，还没在椅子上坐热，便向张廷玉直截了当地说明来意，李绂愿意把千金许配给你家公子张若霭。

张廷玉见好友作为正式媒人上门说媒，不好意思回绝，便举着茶杯喝了一口，然后放下茶杯，接着又举起茶杯喝了一口，如此来来回回。这确实为难了张廷玉，好在张廷玉也是老江湖了，他不说话，任你们有什么办法来缔结这门亲事。

蔡御史见张廷玉仅顾着喝茶，想见缝插针也难，便起身站定。张廷玉以为他要辞行。可蔡御史行礼后，高声说道：“令公子张若霭是远近闻名的才子，而李绂家的千金，长得如花似玉，是百里挑一的好姑娘啊！”

张廷玉当然知道这位姑娘品貌兼优。但是下一句话，却彻底让张廷玉的脆弱防线崩溃了。

“人家把姑娘培养长大，愿意嫁给你家，张大人有什么不满意吗？”

是啊，人家把姑娘培养成人，花了多少心血，心甘情愿要嫁过来，而自己却还在鸡蛋里挑骨头，即使挑也从姑娘身上挑不出问题啊。

张廷玉毕竟也是性情中人，脸一红，向前两步，向蔡御史鞠了一躬，当即表态，完全同意这门婚事。

就这样，李绂终于与张廷玉攀上了亲家，自己感觉离权力中心又近了一步。

儿女亲家在封建社会非同寻常，一荣俱荣，一衰俱衰，因此一旦建立就非常牢固。不少官员把自己的政治命运与亲家关系结合起来，大做文章，以达到权力最大化的目的。

小小的惩罚

李绂与张廷玉结为儿女亲家后，他的才能、政绩进一步得到雍正皇帝的赏识，其中的桥梁自然是张廷玉，当然张廷玉也是实事求是汇报的。作为官员，特别是封建社会的官员，其才能、业绩要想让皇帝知晓是很难的，全国有这么多官员，皇上能知根知底的官员其实少之又少。

李绂的经历让人惊叹。其幼时，家中贫寒，学勤艰苦，可他自幼聪颖，有神童之称，十岁便能写诗。康熙四十七年（1708年），李绂夺得江西乡试第一名，次年便考取进士功名。

那天，李绂得到了一个好消息，他被提升为直隶总督，正一品。这让李绂有点儿飘飘然的感觉，一个人管理一方，是真正的土皇帝，真是自家祖坟冒青烟了。

李绂上任要经过河南，而时任河南巡抚是田文镜。李绂对田文镜有一肚子的火，自己好友黄振国当初就是被田文镜参了一本才落马的。李绂自幼饱读诗书，对田文镜这类不是进士出身的官员，打心眼儿里是看不起的。

李绂也知道田文镜仗着自己是皇上的心腹，傲气有余，但是自己与皇上的第一红人张廷玉是亲家，想也不用怕他。李绂要巧施小计，进行

试探，如果田文镜前来接待自己就算了，如果田文镜不来，那他就是藐视长官，可以参他一本，让他吃不了兜着走。

田文镜接到李总督的公函，不得不来接待李绂，虽然他深知李绂与张廷玉是儿女亲家，但是此人傲气实足，不具备一位好官员应有的谦虚谨慎。

酒席摆好，田文镜请李绂上坐。李绂看也不看田文镜一眼，根本不把这位二品巡抚放在眼里。田文镜心里也不是滋味啊，老子与你仅相差一级，你的架子也太大了吧！

“田大人来河南快两年了吧？”李绂问。

田文镜对李绂已经很不满，听罢只是用鼻子哼了一声，表示确认，心想你做直隶总督，我做河南巡抚，咱们井水不犯河水。

李绂见田文镜爱搭不理的样子，便摆出“官大一级压死人”的架子，说道：“本官在你的地盘上，量你能搞出什么名堂！”

这句话也太重了，田文镜听了当然不快，可对方若说是自己酒后失言，你也没法讨说法啊。田文镜心想：老子从基层一步步爬上来，有文治的底子，有皇上看中我，不像你们读书人，个个浪得虚名，当官还要同科进士吹吹牛。

李绂见田文镜没有反驳自己，以为他被自己镇住了，便开始得寸进尺地说：“田巡抚，你没有能力，干不出什么政绩。你也不要怨我们读书人，有本事自己去考个进士。”

这让田文镜忍无可忍。田文镜反驳说：“本官是从基层实实在在干出来的，懂得民间疾苦，不像你们有些读书人，除了会吟诗作对，还能做什么？只不过是挥霍朝廷的俸禄而已……”

李绂一听，气得哇哇大叫，用手指着田文镜说：“你胆子也太大了，作为巡抚竟敢这样对我说话，小心本官参你一本。”

田文镜也是半个读书人，知道自己的话也过分了，便赶忙低头向李绂赔罪，并说：“李大人与在下同朝为官，不要伤了和气，刚才是我酒后失言，还请见谅。”

这时，李绂也清醒了，田文镜虽然官职比自己低，但却是皇帝的心腹，这时也正好借坡下驴地说道：“田大人，刚才本官也是酒后失言，还请你多担待。”

次日，李绂与田巡抚话别，匆匆离开。

田文镜受了这个羞辱，当然要报复李绂。很快，他的奏书便送到了雍正皇帝那里。雍正皇帝对田文镜是相当信任的，觉得这个李绂也太目空一切了，决定给他一点小小的惩罚，便将李绂降为工部侍郎。

釜底抽薪

张廷玉得知李绂被降为工部侍郎一职，非常吃惊，隐隐约约感觉有一只大手在操控这一切。张廷玉要尽快见到李绂，找这位未来的亲家好好谈一下，让他凡事要谨慎稳重，不可出现任何的纰漏。然而此时皇上却召见他，张廷玉火速进宫。

雍正皇帝开门见山，直接问：“张爱卿与李绂是不是儿女亲家？”

张廷玉愣了片刻说：“回圣上，确实是儿女亲家。”

“李绂这个人嘛，你要与他少些来往啊！”

“微臣遵旨。”

晚霞下，张廷玉从皇宫出来，无心欣赏路边的鸟语花香，直奔府中。进了书房后，张廷玉苦苦思索皇上的意思，让自己少与李绂来往是什么意思呢？难道是让我解除儿女婚约？是的，必然是这档子事。

皇上是何等聪明之人，他是不会提出解除婚约这类低俗的话，许多话是要你自己领悟的。

张廷玉赶忙拿出一张白纸，拿毛笔蘸上墨水，在白纸上挥下了龙飞凤舞的两个大字：解除。但是他马上将之划去。如果张廷玉此刻提出解除婚约，不要说舆论上十分不利，有人会说张廷玉势利、落井下石之类的话，张廷玉将背负背信弃义之名，就连自己这一关也过不了，因为这违反了做人讲诚信、讲义气的基本原则。

但是不解除婚约，雍正皇帝就不会再信任他，认为他与李绂沆瀣一气，说他不忠不义，他的前程将一片黑暗……

张廷玉站在园子中央，仰望苍天，我该怎么办啊？

鱼与熊掌，两者不可兼得。

张廷玉再次进入书房，拿起书，可怎么也看不进去。小华子请张廷玉去吃饭，请了几次，张廷玉都用一句话回答——不想吃。

小华子见主人不想吃饭，猜想一定是有重大的问题。张大人饿着肚子不吃，谁来请也不管用。小华子想到了一个办法，他将张廷玉喜欢吃的红烧肉等几道菜搬进书房，放在张廷玉的鼻子底下。他相信张大人闻到美食的香味，一定会抵挡不住诱惑。

张廷玉面对诸多美食，不再犹豫不决，决定先吃饱了再说。当张廷玉吃好了饭，小华子的一句话帮了李绂，让他心里的天平瞬间倒向李绂一边。小华子说："老爷，这肉是李绂大人派人送来的野猪肉。"

张廷玉吃了李绂送来的红烧肉，头脑清醒了。俗话说，拿人家的手短，吃人家的嘴软。张廷玉不想解除儿女婚约，当然如果不解除，他可能会失去皇上的宠幸，成为普通的官员。

张廷玉为了儿女私情，要断送自己的美好前程。此时有一个人不同意，此人就是李绂。

李绂也是官场老手，得知皇上对自己有偏见，就如凳角上的鸡蛋，随时随地要滚落下来。而张廷玉如果是自己的儿女亲家，一是不能替自己说好话，因为亲属要回避；二是张廷玉也要遭遇皇上的疏远。解决这一系列问题，最好的方法便是釜底抽薪，双方解除儿女婚约。

张廷玉见李绂主动提出这个事情，说得也合情合理，让自己没有拒绝的理由，便当即表态，百分之百地同意李绂大人的意见！

神童出身的李绂李大人，果真是个旷世奇才。

不过时的方案

如果一个弱者欺负一个强者，大家会取笑他不自量力。如果一个弱者欺负一群强者，大家会骂他是疯子。清朝时，属于少数民族的众多原住居民，便是"疯子"。原住居民虽然人少、粮少、钱少，但胆子却特别大，经常骚扰其他族群，甚至敢与整个大清朝对立。

原住居民如此作为，实在是被生活被迫。家里都快要无粮下锅了，还管你强大不强大，抢些粮食回来，过一天算一天。

这些原住居民的头目叫土司。大大小小的土司占地为王，相当于原始部落，只不过原住居民不穿树皮、不吃生肉。土司与原住居民的关系就是主奴关系，土司对其子民可以任意处置，可以体罚、转让、出卖自己的奴隶，甚至在吃喝玩乐时为了助兴，还会将其杀死，另外还经常把自己的子民当成牲口来祭祀。

这听起来有点儿毛骨悚然，但是这就是原住居民的早期真实生活。

当然这些子民也不是都完全听话，也有不听话的，当尝试过土司的种种非常残忍手段后，他们甚至会责怪自己的父母把自己生出来。原住居民一旦不守规矩，就会招致非常凶残的处罚，比如刷耳、断指、剥皮、抽筋、阉割……什么都有，不怕你知道，就怕你想不到，真的是让人生不如死。

这些原住居民在大清朝里“捣乱”，给雍正皇帝带来了不小的烦恼。这时，雍正皇帝想到了张廷玉。张廷玉对原住居民并不陌生，说到土司，张廷玉也曾经有过一场惊心动魄的经历。

那次，张廷玉带着小华子去江西，二人在路过一片山林时，只见前面有一群人在围观着什么。小华子上前查看，原来是有一群原住居民正在活剥一个叛徒奴隶。张廷玉听到活人剥皮，怒发冲冠，便带着小华子过去要人。此处的土司听说是汉人来多管闲事，便马上命人要抓住张廷玉。张廷玉见原住居民如蚂蚁一样涌了过来，觉得好汉不吃眼前亏，果断地对小华子说，逃跑吧，咱们留得青山在，不怕没柴烧。

张廷玉与小华子赶忙跳上马背，迅速逃离，后面还跟着一群原住居民。张廷玉和小华子迅速消失在田野之中，他们的逃跑水平可谓一流。不管当官还是普通百姓，学点儿逃跑技术还是必要的。逃跑水平一流，总不会吃眼前亏。

经此事后，张廷玉针对原住居民的问题昼思夜想，最后形成了一个书面处置方案。许多年后，再回头来看看这个当时的方案，也并不过时。

康熙皇帝在位时，西南奏报，土司军队频频袭击当地汉人的聚居区，给老百姓的正常生活造成极大的困扰。张廷玉建议立即派兵剿灭，康熙皇帝见方案很好，但却并不实施，因为当时朝廷正在集中精力剿灭“三藩”，实在腾不出手来。

张廷玉的方案还有后半段，那就是取缔土司制度，将奴隶解放出来，当然也有制约土司的方法，那就是把土司或者土司的儿子请进京城，白吃白住。这有一个响亮的名字——软禁，逼迫各个土司部落向大清称臣，并将土司制改为派官制，由朝廷派出精英去土司部落当一把手，将土司纳入大清王朝的管理体系。

土司们，你们的好日子快到头了！

改土归流

雍正皇帝对土司向来没有好感，要剿灭土司，这也是他们几代人没有完成的梦想。雍正皇帝对此不得不慎重，他召集文武大臣，广泛征求意见，最终形成了一套针对土司部落的方案。

怡亲王允祥、云贵总督鄂尔泰先后出班，猛烈痛责土司的流氓制度，义愤填膺地提出要彻底实行“改土归流”。何谓“改土归流”，就是改造土司部落的制度，让他们回归接受大清的法令。

也有大臣问：“若土司不听，该怎么办？”

鄂尔泰说：“这个好办！只要他们敢不俯首称臣，朝廷就派兵镇压。我们不用打，就是用脚踩，对付他们也是绰绰有余。”

怡亲王充祥说：“用我们旗人的铁骑出马，真是杀鸡用牛刀。”

吏部侍郎沈近思是和事派，他出班说：“皇上，微臣反对‘改土归流’。”

“为什么？”雍正皇帝追问道。

“先皇在位时，从未对土司派兵镇压，那时土司比现在闹得更凶。这是为什么呢？这是先皇的过人之处。一些地方的小小扰乱，反而更能使我们大清朝稳定。”

把扰乱当成民众团结的护身符。听起来，此人有点无耻吧？可无耻之人并不止他一人。

贵州巡抚何世基也说道：“现在皇上继位时间不长，根基不扎实，万一剿灭土司引发西南各省的战事，那是因小失大啊！”

雍正皇帝有点儿急了，忙问：“那怎么办？”

何世基说：“回皇上，我们最好的办法就是以静制动，睁一只眼，闭一只眼。”

真是一个比一个无耻、流氓。

雍正皇帝从来没有选择性障碍，但是这次听主剿、主和两派的相左意见，感觉大家说得都有理，而且每一种都没有明显的优势。

雍正皇帝正在左右为难之际，大学士张廷玉清了清嗓子，快步向前跪在雍正皇上面前，高声道：“微臣认为‘改土归流’是大势所趋。”张廷玉尝过土司的凶虐，深知不将他们镇压下去，大清朝将不得安宁。

雍正皇帝见张廷玉出班表达观点，脸上露出笑容问：“张爱卿，你说说理由吧。”

“皇上，微臣认为，土司经常袭扰西南地区汉人，已经影响西南政局稳定，如果不加以解决，其他地方的封疆大吏恐会效仿。现在我大清兵多将广，粮食充足，正是实施‘改土归流’的最佳机遇期。但是对归顺、投降的土司，就让他们实行我们的制度，听从朝廷的安排，由朝廷派驻各土司部落最高行政长官。”

雍正皇帝见张廷玉的观点，正是自己想说又不知道怎么表达的观点，于是脸上荡漾着笑容，俯视众臣道：“各位大臣有何异议？”

大臣们本来对张廷玉相当尊重，见张廷玉说得头头是道，无懈可击，暗暗佩服，深知张廷玉坐上这宰相之位并非侥幸，而是凭借其雄厚的实力。

雍正皇帝问：“那派哪位爱卿挂帅征剿？”

“鄂尔泰。”张廷玉说。

“好提议。”雍正赞许。

这时，怡亲王允祥出班行礼，然而慢吞吞地说：“张大人的观点真

是精妙绝伦！”

雍正皇帝问道：“有什么，就快说吧。”

“这就是打他一棒子，再给他一个枣子吃。”怡亲王允祥说。

张廷玉对土司的政策建议，非常实际和有说服力，正因为他有这种能力，才让雍正皇帝更加欣赏他。

大棒与胡萝卜同时使用，更成为老道政治家的一个手腕儿。

枪打出头鸟

雍正皇帝与张廷玉等大臣经过多次会议，形成“剿抚并用”的策略，目标是西南地区一些有影响力的土司，派兵镇压，然后谈判，在当地人聚居区实行朝廷委任官员制。这个官员必须素质高，文治和武功兼备。这才是真正的治本之策。当然也允许他们自己推出首领，但是这位首领必须是由朝廷委任的。

这一年的冬天，鄂尔泰挂帅出征。鄂尔泰也是一位将才，之前就曾梳理过西南地区的土司。他知道广顺长塞土司的气焰最嚣张，经常带头辱骂朝廷，还抢劫其他民众，杀人如杀鸡一般，影响极坏，只要将他们征服，其他土司便会不战而降。

鄂尔泰深知广顺长塞土司是不会投降的，但是表面的功夫还是要做的，以显示朝廷招安的态度和决心。

接下来，鄂尔泰派出使者进入广顺长塞的土司部落，向广顺长塞宣讲大清的招安政策。广顺长塞笑眯眯地听着。见这位土司如此认真地听，使者还以为有戏了，正要问广顺长塞什么时候归顺朝廷时，可广顺长塞只是哈哈大笑，然后从使者手中一把夺过圣旨，用脚踩了又踩。使者大惊失色，大声说：“亵渎皇帝的圣旨，死罪啊！”

广顺长塞说：“我要看看你是怎么死的？”

使者见苗头不对，想溜之大吉已来不及了，因为四周都是土司的警卫。使者正等着广顺长塞继续讲话，但他并不讲话，举着大刀便向使者砍来。“咔嚓”一声，使者的脑袋便掉落在地。广顺长塞为了证明与朝廷决不妥协的决心，派人将使者的脑袋挂在山寨的城楼之上。

这出乎鄂尔泰的意料，他本想来个先礼后兵，哪知道这位土司竟如此蛮横无理，公然挑衅大清王朝，宰杀朝廷命官。鄂尔泰非常愤怒，立即派出五万精兵前去征伐。

广顺长寨得知鄂尔泰亲率五万大军前往，也感觉出事态的严重性，但是他毕竟是打打杀杀出身的，从来不惧怕强军，即使战斗到最后一兵一卒，也绝不会反悔和投降。

当五万清军浩浩荡荡前来，割草的农民也知道朝廷要动真格了。土司族人非常担心自己的城堡被攻破。广顺长塞命令关闭寨门，亲率族人巡查守护，全力抵抗清军。

鄂尔泰命令大军马上攻寨。土司族人在寨墙上射箭，扔石头，倒烫水……防守手段真是五花八门，但却非常管用，这让鄂尔泰领教了土司强大的军事力量。不管清军将士如何勇敢，土司族人始终将他们牢牢地阻挡在城外。

这让鄂尔泰气得吐血，自己有五万铁军，广顺长塞土司能征会战者不足两千,二十个打一个，可就是攻不破山寨。

战斗进入到第六天，鄂尔泰自知损兵折将，消耗非常大，但是连山寨的门还没有摸到。但是鄂尔泰并没有灰心丧气，他相信明天他们一定会攻克山寨，一举取胜。

将士得知鄂元帅的想法，有人怀疑鄂元帅压力太大，得了臆想症，也有人认为鄂元帅在忽悠将士，说好听点儿是给将士鼓劲，让他们明天继续拼个你死我活。

第七天，清军将士们依然勇猛，但是守寨族人亦非常善战，鄂尔泰大军依然无功而返。鄂尔泰巡视败下阵来的众多将士，却意外地说：“你们打得很好。”这句话，让将士们无地自容，明明是自己打败了，却受到领导的表扬。这是什么道理？

好戏还在后面。

午夜时分，山寨之内的房子起火了，寨内的土司族人惶恐不安，机灵一点的人纷纷加入救火队伍。这时，鄂尔泰亲自带兵抵达寨门外，让

士兵去推门。意外的情况发生了，只见厚厚的寨门竟虚掩着。将士见势冲杀了进去。广顺长寨见大势已去，只得丢下子民独自逃命去了。

原来鄂尔泰在派出使者之时，也命令百名士兵打扮成平民，悄悄进入广顺长寨土司的山寨内经商，相约第七天夜里起火为号，鄂尔泰带领军队接应，双方里应外合，捣毁广顺长寨的巢穴！

打败强大的敌人，有勇气、有实力，是必不可少的，但有时更需要具备足够的谋略！

广顺长寨被打败一事，震慑了西南地区的其他土司，大家纷纷表示愿意归顺朝廷。土司问题从根本上得到了解决！

杀鸡给猴看，不失为了一个有效的办法！

娶妾祸事

下面说说雍正皇帝登基的主要功臣——隆科多。

隆科多家族的势力非常大，他父亲佟国维地位极高，与康熙皇帝的关系说起来比较复杂。佟国维既是康熙皇帝的舅舅，因为康熙皇帝的亲生母亲孝康章皇后是佟国维的亲姐姐；同时，佟国维又是康熙皇帝的岳父，因为佟国维又把自己的两个女儿都许配给了康熙皇帝，分别是孝懿仁皇后和悫惠皇贵妃。隆科多与皇家的亲戚关系比较复杂，而雍正皇帝也落落大方，见到隆科多，也干脆利落地唤他一声舅舅。

康熙五十年（1711 年），康熙皇帝重用隆科多，授予他步军统领的重要职位。步军统领，俗称九门提督，负责维持京城的防卫和治安，并统帅八旗步军及巡捕营将弁，权责重大，一直都由皇帝的满洲亲信大臣兼任。

后来隆科多在这个岗位上，帮助雍正皇帝坐上皇位，成为雍正皇帝的大恩人。雍正皇帝自然要感谢隆科多，没有他的鼎力支持，皇位落入谁手尚未可知。皇上给隆科多加官晋爵，官至吏部尚书，加太保，备极宠任，权力、地位无比之大。隆科多可以说风光无限，要风有风，要雨有雨，就连当今皇上也亲切地唤他一声舅舅。

可隆科多却非常喜欢女人，只要是他喜欢的，便要想方设法地得到，就连自己的岳母级人物，也不放过。正是这种丧尽天良的行径，给他的失势埋下了祸根，也可以说他最终是栽在了女人手里。

隆科多的原配夫人是他的表妹，是他舅舅的女儿，这种近亲结婚在封建社会非常流行，这是“肥水不流外人田”的真实写照，双方主要是听从父母之命、媒妁之言。

隆科多结婚后的某一年，两口子去岳父家做客，隆科多看到岳父大人的小妾四儿，结果引发了震惊京城的趣事。四儿是岳父大人新近迎娶的小妾，隆科多应该叫他小妈。这位四儿的年龄比隆科多小点儿，身材苗条，面如桃花，言谈举止更是得体大方，在隆科多眼里真是美如仙女，特别是那一双水汪汪的眼睛一眨一眨地，竟被隆科多看呆了，恍若灵魂出窍。

这时，一旁的夫人狠狠捏了隆科多一把，隆科多才如梦方醒。

当天回府后，隆科多就一心惦记着美女四儿，晚上翻来覆去地睡不着。他的夫人知道情况不妙，夫君这是动起了小妈的念头，违背伦理啊！

次日一早，隆科多便快马去了岳父家，向岳父提出了一个惊世骇俗的要求，娶岳母四儿为妻。

岳父惊慌失措，这、这、这……能行吗？岳父好不容易把话说完，但人却不行了……他重重地从椅子上摔倒在地上。岳父也是地方官员，全家仰仗隆科多家鼎力支持，过着滋润的小日子，但是女婿却提出要娶自己的小妾为妻，这不是要让人耻笑啊？自己还有什么颜面见人啊？

岳父被隆科多救醒，痛苦地说：“这怎么行啊？”

“这有什么不行？”隆科多说。

岳父怕得罪女婿，不敢拒绝，但是岳父也是老江湖了，给隆科多出了一道小难题。他说：“你得回家征求你夫人的意见。”

隆科多点点头，认可了老丈人的建议。隆科多也是相当直爽之人，回家后便开门见山地对老婆说：“我要娶一个小妾。”

在那个封建社会，男人娶个三妾四妻也正常，老婆当然没有权力否决。

隆科多的老婆闷闷不乐地起身，向隆科多瞅了一眼，便朝门口走去。隆科多见老婆一只脚快要跨出门槛了，便说："我要娶的女人，你认识。"

隆科多的老婆伫立在门口，头也不回地问："她是谁？"

"你父亲新娶的小妾四儿。"

隆科多的老婆听后，转身向隆科多走了三步，便突然"啪"地一声摔倒在地上。

隆科多赶忙请郎中给老婆看病。其实也没有什么大毛病，几天之后，她的身体就痊愈了。隆科多的老婆也是懂理之人，她请了媒婆要给隆科多说媒。说了几位姑娘，隆科多都只是摇头。媒婆急了，说："老爷都一把年纪了，娶个小妾还这般挑肥拣瘦，老娘还是头一次遇见。"

隆科多对夫人说："你不要为我操心了，我已经有意中人！"

"谁啊？"

"就是四儿。"

隆科多要娶后妈为妻，要被天下人耻笑的，因此夫人坚决反对这门婚事。女人的办法就是天天与隆科多吵闹，隆科多的意志是坚强的，他顶住了夫人叽叽喳喳的吵嚷，义无反顾地要娶这个小妈为妻，要在大清官员中创造奇迹。

夫人见隆科多一意孤行，便使出撒手锏，如果隆科多敢娶小妈为妻，她也丢不起这个颜面，就自杀了此薄命。

隆科多有点犯难了，夫人若真有个三长两短，实在对不起她。隆科多正准备放弃这门婚姻时，突然收到了一封来信，正是这封信让隆科多下定了决心要娶四儿。写信之人不是别人，正是隆科多朝思暮想的四儿。四儿说："自从你上门提婚后，家里人都认为是我勾引了你，非常瞧不起我，还经常被人冷嘲热讽。这日子算是没法过了，你若不娶我，我将以死来反抗这个社会。"

最后，隆科多克服娶妾之路的重重阻碍，终于迎娶了这位貌美如花的四儿。然而这场喜酒，终还是掺进了丧事。隆科多的夫人上吊自杀，用死亡给他敲响了悲天悯人的警钟。

为了娶小老婆，引起大老婆自杀身亡。这是隆科多一生的污点！

这件事后，最受伤害的人不是隆科多，而是他那年仅十岁的儿子岳阿兴，在他幼小的心灵上留下了挥之不去的悲痛和仇恨。他向苍天默默祈祷，有朝一日一定要替自己的母亲报仇。

俗话说，君子报仇，十年不晚。岳阿兴算得上君子，因为恰好在第十年，他开始实施报复行动，让隆科多为他的错误买单。

隆科多出局

十年过去了，母亲的惨死，岳阿兴历历在目。许多个夜晚，岳阿兴在被窝中咬着手臂，一排排牙印渗出血来，他的心也在滴血。岳阿兴就这样在痛苦和等待中慢慢长大。此时，他的父亲隆科多，官职越做越大，连皇上也十分尊重他。当官当到这个程度，半夜梦中也恐怕会笑醒的。

一般来说，官职越大，复仇的机会就越小。但是岳阿兴发现父亲官职越大，复仇的机会便越大，因为父亲以功臣自居，目中无人，飞扬跋扈，这些短板，使隆科多的人际关系不怎么样，最让岳阿兴兴奋的是他掌握着父亲隆科多获罪的证据。只要将物证一出示，隆科多就可能把牢底坐穿。

另外，岳阿兴也嗅到了皇上对父亲隆科多不满的味道，因为隆科多居功自傲，擅权结党，已对雍正皇帝的皇权产生了不利的影响。比如，隆科多自比诸葛亮，奏称“白帝城受命之日，即是死期已至之时”一语；又称康熙皇帝死时，他曾身带匕首以防不测；还有，隆科多曾自夸九门提督（步军统领）权力很大，自己一声令下便可以聚集两万兵马。这些话语多少暴露了隆科多拥立胤禛登上皇位的真相，自然为雍正皇帝所忌讳。实际上，当日畅春园的气氛必然是非常紧张的，步军统领所统辖的兵力也确实约有两万名官兵，而隆科多说他带匕首防身也情有可原。

岳阿兴虽然有举报证据，但是一直不敢出面举报父亲，万一让父亲

提前知道，这一切就将前功尽弃，自己的小命也会堪忧。因此，岳阿兴学了勾践的那一招——卧薪尝胆。

功夫不负有心人，机会终于来了，

雍正五年（1727年），隆科多被雍正皇帝派去与沙俄谈判双方的边境问题。隆科多能言善辩，在谈判桌上赢得主动权，谈得非常顺利，即将成功。此时，后院起火，儿子岳阿兴将他私藏皇上玉牒一事奏明圣上。雍正皇帝正对隆科多意见较大，见有人来举报，当然不放过这个机会，下旨逮捕隆科多，并谴其回京。俄方代表见清朝谈判的首席大臣被抓捕，非常吃惊，不清楚清朝皇帝葫芦里卖的是什么药。后来多方证实，才明白过来原来对方犯罪了。

雍正皇帝对这个讨厌的舅舅，下手当然狠毒，派人抄家；同年十月，定隆科多四十一条大罪，幽禁于畅春园。

张廷玉得到隆科多被捕的消息后，面色发白，全身无力，这个消息像一根鱼刺卡在他的喉咙里。隆科多与他一起把四阿哥胤禛推到皇位上，如果雍正皇帝抓隆科多是为了灭口，那下一个逮捕对象就将是他自己。

但是张廷玉也仔细分析了隆科多的行径，感觉问题是出在隆科多本人身上。近年来，隆科多居功自傲，广结官员，话语间不把皇上放在眼里。有几次，他向隆科多使眼色，让他说话谨慎些，但隆科多却故意装作看不见。事后，张廷玉问他：“你在皇上面前说话，太直截了当了。”隆科多竟“嘿嘿”一笑：“怕什么啊，皇上是叫我舅舅的，哪个外甥会给舅舅穿小鞋？”

张廷玉见隆科多强词夺理，想继续劝告。但是隆科多却看出了他的意思，大手一挥地说道：“张大人，我理解你的好意，请你不要说了。”

是啊，没有必要多说，隆科多的背景当真是太牛了。

隆科多虽然犯事儿，但是他毕竟是雍正皇帝的舅舅，如果处置太重了，传出去会不好听，也影响雍正皇帝的名声！

张廷玉曾为隆科多之事主动拜见雍正皇帝，见皇上的神情那么严峻，张廷玉从中读出隆科多这次真的是在劫难逃。

是啊，隆科多干政太多，比如对朝廷官员任命的干预太多，出来混总是要还的。看来，雍正皇帝这次是铁了心要惩治隆科多。

张廷玉与隆科多的交情也不错。他跪拜在雍正皇帝面前说："圣上明察，隆科多不比年羹尧，至少没有图谋造反，恳请圣上看在佟氏家族三代效忠大清的份上，将其从轻发落。"

雍正皇帝见张廷玉是来求情的，便假装问道："张爱卿为何求情啊？"

"隆科多大人现在犯罪事实清楚，但是以前确实是功臣，而且也是皇亲国戚，处罚重了，传出去对圣上也不利啊！"

雍正皇帝听后微微一笑，说道："张爱卿提醒得很及时，朕暂且禁锢隆科多吧，撤销他的爵位，让他弟弟承袭他的爵位，并将举报人岳阿兴削职为民。"

过了几天，隆科多竟意外死去。虽然雍正皇帝未定隆科多的罪罚，但是他的死与雍正皇帝本人不无关系。雍正皇帝只要动动手指，隆科多便没有活下去的机会。隆科多死了，雍正皇帝终于松了一口气，仿佛从眼中拔出了一根钉子，那个帮他得到帝位的破嘴巴终于闭嘴了，自己可以高枕无忧了。

接下来，张廷玉生怕祸及自己，便更加尽心尽力地完成各项工作，从未越雷池半步。张廷玉自认皇上对自己还是比较满意的，上次自己患病，皇上还曾派出御医前来诊治，之后还屈驾看望自己。

在封建官场中，一言一行都可能招来杀身之祸，甚或满门抄斩、株连九族。为官之道，要谨言慎行！

第十一章 位极人臣

一封书信

那天，张廷玉正在院子中散步，只见有人来报：一些地方的反清复明活动很是猖獗，反贼正在拉拢汉族官员，要实施反清复明的大阴谋。

张廷玉听后皱起眉头，反清复明搞了多少年了，大清的江山还不是稳稳当当的？康熙、雍正两位皇帝虽然是满族人，但却勤政爱民，是难得的好皇帝。何况朝廷对汉人还算重视，并没有歧视。假如是某位庸才汉人当皇帝，将国家治理得一塌糊涂，更是得不偿失。现在大清江山四平八稳，即使反清复明的口号有号召力，也不可能成功。

张廷玉相信这些人不会成事，但是他对一些官员很不放心，怕他们头脑一热，走了弯路。眼下最不放心之人便是川陕总督岳钟琪。岳总督总爱讲民族大义，对汉族人特别亲切友好，对满族人则不屑一顾。

张廷玉也是操劳的宰相，他提笔给岳总督写了一封长信，让他远离那些造反之人，即使对方说得天花乱坠，你也不得掺和。正是这封信帮助了岳总督，阻止了他“误入歧途”！

岳钟琪对汉族民俗节日和文化活动比较热衷，哪里有活动，只要有人邀请，他都会参加，但是对满族方面的事务却很冷淡。而这鲜明的性格特色，被反清复明的义士发现了，他们认为岳总督是完全可以争取的对象。苍蝇不叮无缝的鸡蛋。如果能成功，他们便可以借助岳总督手握的重兵，与大清朝分庭抗礼。

雍正六年（1728年）九月的一天，岳总督在众官兵的簇拥之下经过西安古城门外时，突然一位白衣书生冲了出来，公然拦路挡道。官兵正要拿下他，只见白衣书生双手举起书信，大喊道："小民要参见岳总督。"

这种事情以前也曾多次发生，都是喊冤叫屈的百姓常用的手段。岳总督见来者是汉人，又是书生，便同意接见。

白衣书生鞠躬行了一个礼，笑眯眯地呈送出来一封书信。这一切让岳总督疑惑不解，以前喊冤者不是大哭大叫就是愁眉苦脸，今天来访之人却气宇轩昂，神态自若，笑容可掬。当岳总督轻轻地打开那封信，顿时吓得面如土色。原来此信是要他叛逆造反，积极投身于反清复明的伟大事业，这分明是一份拉人造反的邀请书。

岳总督本人是汉人，自小受儒家文化的熏陶，当然对汉人比较亲近，以前或明或暗地也总是帮汉人一把，在汉族人中印象不错。但是自从他收到张廷玉的来信，便深刻反思自己，清醒地认识到自己虽然是汉族人，但当今皇上是满族人，如果被查出自己有叛逆的迹象，自己丢官丢命之外，全家人也会跟着一起倒霉，不是被杀就是坐牢充军。反清复明这笔生意的危险大，见效微。

岳总督想到这里，不禁起了一身的鸡皮疙瘩。

白衣书生选择岳钟琪，拉他入伙，也是经过深思熟虑的，主要有三个理由。一是岳总督平常与汉族人相处融洽，经常表现出爱民族、爱家乡的气概。二是岳总督是岳飞的后代，众人希望他秉承祖上抗金之志。三是岳总督手握重兵，若高举反清义旗，有望夺取江山。

岳总督在荣誉、地位和危险面前，早已把老祖宗岳飞忘了个一干二净。他欲向朝廷献上一份重礼，要将白衣书生交出来。

精湛的表演

岳钟琪仔细阅读了白衣书生的这封书信，深知这次邀请他一起反清复明的信真实感人，其中讲道：蛮夷之人没有资格统治华夏民族，雍正

皇帝欺骗父亲、残害兄弟、诛杀忠良等罪状也是有理有据。岳总督思前想后，天下没有不透风的墙，这件事迟早会被朝廷得知，现在能做的只能是把白衣书生拿下。

岳总督抓了白衣书生，迅速密报雍正皇帝。这正是岳钟琪的狡猾之处，万一哪天有人乱嚼舌头，他也不用担心害怕，因为他已经第一时间向主子汇报了。

岳钟琪派人连夜提审白衣书生。白衣书生自从走上反清复明这条路，心中早有了充分的准备，不管对方怎么问，他就是闭口不言。

官员面对缄口不言的嫌犯，手段还真不少，一会儿的工夫，白衣书生已经遍体鳞伤、血迹斑斑，他由白衣书生变成了红衣书生。牢狱里的刑具用了差不多，可白衣书生是硬骨头，半个字也不吐。这让审讯的官员很紧张，他们平时天不怕地不怕，这次遇上铮铮铁骨的硬汉子，也开始感到害怕了。这些被视为神具的刑具不管用，怎么打，白衣书生也不透露半个字，如果拿不到一字半句的供词而一不小心将白衣书生打死，这是要背黑锅的啊！

审判的官员见来硬的不行，只得来软的。他们亲自送饭送水，然后求着白衣书生开恩。

白衣书生不知道官员的葫芦里卖的是什么药，便惊讶地反问："本公子被你们囚在此牢，能帮上你们什么忙？"

"你只要报出自己的名字和来信之人是谁？我便也可以交差了。"

白衣书生想一个名字只不过是一个符号，我随便报个名字，你们也找不到。

"好吧，本公子叫张越，书信是本人的恩师夏斌挥作笔的。"

官员听后开开心心地去了，而真实的博弈才刚刚开始。

过了三天，岳总督令贴身随从把张越悄无声息地从牢里带出来，然后在总督府的内庭中相见。岳总督屏退左右，置办了一桌丰盛的酒席招待张越，使唤丫鬟盛酒，唱小曲……

白衣书生见岳大人神神秘秘，可能策反还有戏。于是，他一点儿也不拘束，落落大方地喝酒、吃菜、听曲……他还在想岳总督是我们争取的重要对象，只要有一丝机会，也一定要把握。他这次非要听听他亲口说说反清复明的决心。

果然，酒足饭饱之后，岳总督一挥手，左右的丫鬟知趣地退出去了。岳总督带着白衣书生从内门进去，走过长长的通道，来到一张巨画前。岳总督掀起巨画，只见是一道木门，推门进去就是密室。进入密室，岳总督向白衣书生行礼，随即说出了自己的苦衷、无奈，他是身在曹营心在汉，只是一直没能找到良策啊！

白衣书生退了一步，反问道："那你为什么要抓我啊？"

"你不知道啊，雍正这厮搞文字狱，害死了好多有民族气节的读书人，他的眼线布满大清的各个角落。你说反清复明，我不会轻易相信的，万一是雍正那厮派出的爪牙，可怎么办？"

"这是真的吗？"

"雍正阴险狡诈，经常派他的眼线扮成反清复明的义士，试探朝中汉臣，一旦露出蛛丝马迹，我坐牢事小，家里的妻儿老小也得遭殃。"

白衣书生见岳总督很认真，一点儿也不像骗人的样子，但他摸了摸身上的伤疤，也不能消除顾虑，假如岳总督在演戏的话，自己完蛋不说，整个反清复明的组织也要完蛋。

岳总督见白衣书生将信将疑，便突然大声哭起来。这让白衣书生奇怪了，问道："岳大人，你已经找到我们了。我们也成为朋友了。你还有什么好哭的呢？"

"我想到了我的老祖宗岳飞被害死在风波亭。"这时的岳总督神情非常痛苦，比挖了他家祖坟还伤心难过。

这一招确实厉害，让白衣书生思想的防线彻底崩溃。岳钟琪做事要么不做，要做就干净利索。白衣书生和岳钟琪相见恨晚，当即歃血为盟，祭拜天地，结为兄弟，共举反清复明的义旗。

白衣书生看着岳总督能与自己兄弟相称，感激涕零，原来岳总督比想象中的还够意思。他也毫不保留地将秘密和盘托出。

原来，白衣书生不叫张越，而叫张熙，是湘南永兴县一位穷乡僻陋的私塾老师曾静的学生。他就是受恩师曾静的委托，前来策反岳钟琪

总督的！

白衣少年遇上老狐狸，只能认栽，当真是羊入虎口！

顺藤摸瓜

为了不打草惊蛇，岳钟琪悄悄派出捕快去了湘南永兴县，将头号人物曾静当场抓获。

曾静（1679—1735 年），湖南永兴县人，号蒲潭先生，以授徒讲学为业。他也很想考入官场，但是运气不佳，会试名落孙山，但是曾静是好学之人，寻找各类和考试有关的书籍，以备下次再考。然而自从他看到浙江海宁吕留良所著的《吕晚村先生文集》一书，就整个人都变了，不想当官了，也不想去考试了，他认为有一件更重要的事情要做，那就是振兴华夏。堂堂华夏民族被蛮族统治，真是给先祖们丢脸啊，他越想越愤愤不平。每每想到先祖们征战沙场，统一中华，那是何等自傲啊！

曾静非常想拜访吕留良先生，但是自己实在脱不开身，学堂有一批学生需要自己上课。当然曾静也有折中的办法，那就是委托优秀学生张熙前去海宁，拜访吕留良先生。

当张熙千里迢迢抵达吕家，他捧着吕留良的作品要求吕老师签名。可吕留良先生已不能见他，因为他已经在好几年前去世了。

吕留良先生的儿子吕毅中、学生严家兄弟和沈地宽等人，热情洋溢地接待了这位远方而来的客人。然后大家切入正题，歌颂吕留良先生的民族气节和反清复明的高尚情操。

这次海宁之行让张熙醍醐灌顶。当然张熙也喝了不少酒。辞别时，吕毅中相当豪爽，给了张熙几本书，就当是精神食粮。

张熙回去复命，得到恩师曾静的肯定和表扬。师徒两人苦读吕留良的大作，每每读到新锐精辟的思想观点时就拍手称绝。特别让人眼前一亮的是“华夷之辨”，对满族人入主中原的“非法性”提供了理论支撑。曾静在屋里来回走动，张熙则摩拳擦掌，恨不得马上拉起反清大旗，夺回华夏江山。

这一次，岳钟琪略施小计，便抓住了这条大鱼——曾静，将曾静和张熙一起关进死牢，自己则马上给雍正皇帝写了一份篇幅较长的奏书，最后一句话是“请圣上对这一干人等做出严肃处理”。

雍正皇帝看完岳钟琪的奏书后怒发冲冠，拍案而起，你们竟敢动老子的江山，说罢便召来张廷玉。张廷玉了解情况后，也理解了圣上为何如此动怒。这是造反之罪啊，自古被抓了都是要株连九族的，造反的头头曾静和张熙那是要挨千刀的。

张廷玉也是汉人，他深知这类造反是危险性工作，现在大清江山稳定，皇帝精明强干，造反如同飞蛾扑火，是个傻事。可张廷玉面对同胞兄弟，也要干一件傻事，那就是救出曾静、张熙师徒。此刻这两人在雍正皇帝的眼里是罪大恶极，即便是剐他们千刀也不解恨。

许多人替张廷玉捏了一把汗，不知道张廷玉大人有什么绝妙的方法?

张廷玉对雍正皇帝说:“曾静、张熙两人犯了死罪，但他们是从犯!”

雍正皇帝不解，问道:“张爱卿，主犯是谁啊?”

“回皇上，曾、张两人为什么要造反?那是他们看了吕留良的文章后才有的这个贼心。主犯应该是吕留良!”

雍正皇帝想了想，心道：对啊，这吕留良才是幕后黑手，不把这个人拿下，大清将永无宁日啊。

张廷玉把吕留良拉出来说事，目的是救曾、张两人，当然雍正皇帝要处理吕留良也问题不大，因为吕留良早已作古，你总不至于把尸体从棺材里拉出来再宰杀一次吧。

把尸体拉出来再宰杀一次，一般人是不会这么干的，但是雍正皇帝却不同，他肯定会干。雍正皇帝得知吕留良已死，觉得这太便宜他了，遂下旨把吕留良的尸体拉出来，戮尸枭示，更把他的后代、亲戚统统拉出来，诛灭九族。这就是历史上有名的吕留良一案。

这个结果出乎张廷玉的意料，救人还没有成功，就又搭进去了一批

人，张廷玉心头一闷，可算是真正领教了雍正皇帝手段的毒辣。

雍正皇帝对张廷玉说："曾、张两人如此欣赏吕留良，那就让他们早点儿去下面见见吕留良吧。"

张廷玉说："皇上，杀死曾、张两人易如反掌，但这却并不是上上之策。"

雍正皇帝用狐疑的目光盯着张廷玉问："张爱卿，你把上上之策说给朕听听。"

"皇上，将曾、张两人杀了，教育意义不大。"

"哦，继续说。"

"如果让曾、张两人主动揭发吕留良，说他们只是一时糊涂，受了吕氏的蛊惑，再责令他们将功补过，于全国巡回演讲。这样可好？"

雍正皇帝听后，眼睛大放光亮，连连说："好主意，好主意！"

这之后，曾、张两人在生命与信仰面前重新作了选择，并选择了前者。这对昔日的造反派风云人物摇身一变，成为朝廷知名度极高的宣讲师，跟在钦差大人奕禄的屁股后面，游遍大江南北，宣讲雍正皇帝的大仁大爱，以及由雍正皇帝口述的《大义觉迷录》。

曾、张师徒在全国人民面前敢于自己打自己的嘴巴，也是需要勇气，一时成为人们眼中的笑柄。

救人之前，必须要有万全之策，不然结果很可能会是既救不了人，还会害死一批人！

成立军机处

雍正七年（1729 年）春，西北传来军事急报：准噶尔部翻脸了！准噶尔部翻脸比翻书还快。他们曾经与清朝缔结和睦相处条约，现在却出尔反尔突袭大清边疆地区，烧杀抢掠无恶不作，边疆百姓纷纷逃难。大清地方官员前去理论，准噶尔部的首领根本不予理睬，其气焰非常嚣张。雍正皇帝对出尔反尔、没有诚信的这帮家伙非常憎恨，恨不得迅速将他们灭了。

于是，雍正皇帝立即召集群臣开会，商讨对策。

这次会议从早上开始，一直开到太阳落山，就是没有商量出一个结果。这让张廷玉很郁闷，明明一两个时辰的会，竟开了五个多时辰，而且还不能统一意见。张廷玉想建议提早结束会议，但是这也不妥当，会议是由皇上召集的，不能太不给皇上面子。

当然会议氛围好，开得十分热闹，大臣们纷纷出班，数落准噶尔部不知廉耻，竟然搞强盗抢劫的勾当；又数落其没有道德底线，主动撕破合约；还数落其作为小小的部落，却不知天高地厚，胆敢与大清王朝为敌。

面对群臣的振振有词，雍正皇帝义愤填膺，恨不得亲自挂帅扫平准噶尔部。但是商议了整整一天，就是拿不出一套行动方案。雍正皇帝把目光紧紧盯住张廷玉。张廷玉不是不想研究征战方案，而是这种方式的会议不务实，他想改变这种形式，希望其他大臣出面提建议，但是其他大臣就是不提建议。这把张廷玉急得直冒冷汗。

眼看太阳已经下山。张廷玉见这样下去实在不行，便向皇上行礼说："皇上，今天会议时间有点儿长，还要继续开下去吗？"

雍正皇帝说："不拿出方案，今天不退朝。"

张廷玉说："皇上，研究方案的话，留下微臣、怡亲王、兵部尚书鄂尔泰和大学士蒋廷锡就可以了，其他人可以退朝。"

雍正皇帝向众大臣扫了一圈，群臣见张廷玉建议他们退朝回家，很是喜形于色。黑夜正慢慢袭来，有的大臣正探头探脑地向外张望。雍正皇帝见这群没心没肺的大臣如此，便大手一挥，说："除了张廷玉、怡亲王、鄂尔泰和蒋廷锡，其他人退朝。"

等其他大臣退朝后，雍正皇帝问道："张爱卿，你说说自己的方案吧！"

张廷玉说："回皇上，打击准噶尔部，最好的办法便是兵分两路。一路派宁远将军岳钟琪领兵西进，另一路由靖边大将军傅尔丹领兵北进。两路同时进攻，可一举捣毁准噶尔部的巢穴。"

雍正皇帝伸开胳膊，问道："张爱卿，刚才你为什么不说啊？"

“皇上，刚才人多嘴杂，微臣的建议可能会有异议。如果有异议，就那样争议下去，不知道什么时候会有个头了。而且这个方案属高度的军事机密，知道的人越少越好。”

“张爱卿思路清晰、缜密，是我大清的福星。”

“微臣不敢，微臣还有一个建议。”

“快说吧。”

“微臣认为群臣在朝堂会商军事方案，弊多利少。微臣建议组建军机处，联络负责全国的军事问题。有了这个机构，以后军事问题便不用在朝堂之上议论，由这个机构会商后拿出方案，最后直接奏明皇上批准即可。”

之前，大清入主中原之后，军事问题都是交由议政王大臣来商议定夺的，后来则慢慢发展到朝堂之上会商决定。

雍正皇帝觉得张廷玉的建议非常正确，当即同意成立军机处，由怡亲王、张廷玉筹办。

在两位大臣的通力协作下，于皇宫保和殿西北侧隆宗门内找到一块好地方，作为军机处的办事场所。就这样，赫赫有名的军机处诞生了。

军机处的官员由雍正皇帝亲自遴选。当时能进入军机处是臣子的最高荣誉。第一批军机处大臣有怡亲王允祥、张廷玉、蒋廷锡和鄂尔泰。

军机处总理全国军事问题，向最高领导人皇上负责。

同时，军机处也是大清军事机构改革的重要一步，为处理各类军事问题奠定了扎实的基础！

皇恩浩荡

自从军机处成立后，清廷的军事筹划效率显著提升。但是张廷玉却比以前辛苦多了，忙得团团转。

张廷玉一大把年纪了，每天上班很早，天还没亮就出门了。那时没有路灯也没有手电筒，张廷玉打着灯笼前行，整天在南书房、军机处等地来回奔波。这要是万一不小心摔倒了，眼看就断了皇上的左膀右臂。

雍正皇帝是赏罚分明的主子，决定给张廷玉物质上的奖励。他赏赐给张廷玉一处在紫禁城西安门外的房子，此地离军机处较近，方便上下班。

拿到了公家分配的房子，张廷玉受到众臣的羡慕。有了新房子，总得装修一番吧。但是张廷玉为官清廉，家里并不富裕，没有余钱装修。不过运气好了，做什么事情都顺，张廷玉正在愁肠百结思考何时装修宅院时，雍正皇帝替他想到了，赏赐给他黄金和白银各一千两。

张廷玉深知自从整治贪官污吏后，国库丰盈，但是赏赐如此大手大脚也不行啊。张廷玉向雍正皇帝上奏，请求收回圣命。

雍正皇帝从不乱花钱，钱都是用在刀刃上，他哪里容得张廷玉请愿，大声说："朕讲的话是不得更改的。"张廷玉是何等聪明之人，他也是在试探，见皇上是真心赏赐自己，便也知趣地收下了。自己用不了，留得财产还可以传给子孙万代，在这个世上，还没有人跟钱过不去。

雍正八年（1730 年），张廷玉忙了两件大事，一是军机处的军务大事；二是开科取士。张廷玉再次担任殿试阅卷官，这次科考比较顺利。

雍正皇帝见张廷玉的作用非常大，决定再给张廷玉赏赐，这次是个大手笔——黄金一万两。满朝文武的眼睛都直了，黄金一万两，这是一个天文数字啊，当一辈子的官也挣不到这么多钱吧！

面对这个大数字，有人害怕了，此人就是张廷玉。张廷玉胆子比较小，皇上给他万两黄金，可不是能随便拿的。他拼命谢绝。这让满朝文武哭笑不得：他们想得到重赏，却没有；而张廷玉有了重赏，却不要。

天理何在？

雍正皇帝见张廷玉把头摇得跟拨浪鼓似地，觉得他非常可爱，于是轻轻地说："张大人，这笔奖赏，不是从国库划拨的。"

怡亲王听后，问道："圣上，那这么多的赏钱是从哪里来的呢？"

"是从内务府银两中拿出来的。"

"拿出这么多，皇室的开支可要大大节省了。"

"自从朕执政以来，皇室开支已大幅降低，便把省下来的金银赏给那些有功之臣。之前，朕曾赏给李卫黄金五千两、鄂尔泰黄金两万两，也都是从这里面支出的。"

这时，张廷玉仍要继续推辞。怡亲王向他眨了眨眼睛，张廷玉心领神会，皇上是九五之尊，说过的话是金口玉言，如果自己一味拒绝，就会让皇上失去面子。

怎么办呢？

张廷玉思考片刻，当即谢主隆恩。因为一条完美的计划，已在他脑海中形成。张廷玉把这一万两黄金分成四份：一是给弟弟张廷璐三千两黄金，张廷璐是江苏学政，作为扶持江苏的文化教育事业，他还告诫弟弟，这是圣上的赏赐，要让受益人深感皇恩浩荡。二是拿出一千两黄金捐献给桐城的一些鳏寡孤独，让桐城民间对皇上的非议和谩骂减少，赞美声增加。三是拿出四千两黄金作为平叛准噶尔部的军需，作为臣子对国家军事的支持。四是剩下的两千两黄金，用来托人在家乡置买田地，也对得起皇上的一片苦心。

张廷玉胆子小，怕拿了这么多钱遭来大臣的反感、嫉妒。而皇上赏赐就是要求张廷玉继续效力、卖命。张廷玉一箭双雕。既减少了大臣的嫉恨，又实实在在地拍了一次皇上的马屁，真是世间罕见的奇举！

入宫金牌

张廷玉的官职越高，权力也越大，但是也有烦恼之事，比如遇到紧急军情，有时禀报皇上会不及时。因为皇宫乃重地，即便身为大清第一大臣，进出也要办理相关手续，比如见皇上，要事先通报，待皇上召见才许你进入皇宫。这样便会经常耽搁军务。

进出皇宫持金牌可以免查，可金牌只有皇室子弟才有，一般外臣是没有资格拥有的。张廷玉曾经想，如果他持有金牌，工作效率会提升一倍。持有金牌是众多大臣梦寐以求的，金牌象征着无限的荣耀和地位。张廷玉身为首辅，也盼望得到一道金牌，可以在皇宫中进出畅通无阻，这样任意时刻进出皇宫都不用通报。

雍正皇帝的心也比较细，见张廷玉公务繁重，便格外开恩，赐予汉臣张廷玉一道金牌。张廷玉小心地将金牌捧在怀里，眺望桐城老家，泪流满面，在心里默默地说：父亲，张家终于被赏到了金牌，完成了您老人家的夙愿。

那天半夜，张廷玉接到宁远将军岳钟琪一封十万火急的急报：清军在攻打准噶尔部的一次战斗中，伤亡严重，请求朝廷速派援军。

在昏暗的星光下，张廷玉手持金牌直接进入皇宫，要面见皇上。张廷玉赶到乾清宫外时，已是子夜时分，皇宫早已宵禁，四下一片寂静。

张廷玉正要寻找内侍太监，突然一个打呼声响起，张廷玉过去查看，原来是内侍太监躺在寝宫门外的石阶上睡熟了。

张廷玉摇了摇太监的肩膀。太监见是张廷玉，赶忙戴正了帽子，双腿一软向张廷玉跪下求情，要求张大人隐瞒此事。因为值班太监睡觉，轻则扣薪水，重则是要杀头的。

张廷玉呵呵一笑，说："公公方才在值班啊，我从未曾看到你偷懒。"

太监一笑，说："谢谢张大人，奴才马上进去禀报皇上。"

"不，不行！"

小太监傻傻地看着张大人，怎么也想不清楚，张大人明明要见皇上，可我要去禀报又不准。这葫芦里到底卖的是什么药啊？

"公公，进去看看皇上，如果皇上睡了，便等他醒了再禀报。"

过了一会儿，公公从里面出来，尖着声音说："张大人，皇上睡得很香，要不您先去执事房暂且歇息吧。"

谨小慎微的张廷玉说："微臣就在这里等候吧。"说完，张廷玉便跪在寝宫门口。这一跪就是三个多时辰。张廷玉正迷迷糊糊之时，小太监过来说："张大人，皇上已醒，传你觐见。"

张廷玉赶忙站起身，晃了三晃差点儿没摔跟头。雍正皇帝见张廷玉一脸的倦容，说道："张爱卿，你怎么跪了一宿啊？身体累垮，可怎么办？"

张廷玉眼睛湿漉漉地说："皇上，这是微臣职责所在啊！"

雍正皇帝面对这位忠诚的大臣，做出了一个惊人的决定。他说："张爱卿，朕要把你的那道金牌收回来。"

金牌是荣誉和地位的象征，丢了是会遭其他人耻笑的。张廷玉马上说：“皇上，微臣有什么失职之事？”

雍正皇帝说：“你的失职比较大，朕不得不出来干预。”

张廷玉跪在地上，额头的汗淌了下来。张廷玉绞尽脑汁，怎么也想不到自己哪里做错了？

雍正皇帝说：“因为张爱卿太爱岗敬业了。”

张廷玉一头雾水，这分明在表扬自己，可为什么要收走自己梦寐以求的金牌呢？

“朕怕张爱卿身体受罪，万一有个三长两短，朕于心不忍。”

原来皇上是关爱自己，张廷玉松了一口气。与人见人爱的金牌失之交臂，张廷玉感慨无限，但雍正皇帝也是讲情义的，他又赏赐给张廷玉一对皇家玛瑙。

雍正皇帝与张廷玉君臣二人惺惺相惜，一时羡煞朝野上下！

为子求名师

自从张廷玉当上内阁首辅后，在朝中地位如日中天，一言九鼎。许多官员主动要投靠其门下，张廷玉总是微微一笑，既没有拒绝，也不说接受，让这些饱读诗书的精英们真是丈二和尚摸不着头脑。其实道理非常简单，张廷玉是把这些人当成朋友。因为多个朋友，多条路啊！

因此，张廷玉的口碑极好，很少有人向他射冷箭。

雍正十一年（1733 年）四月，雍正皇帝大病痊愈，为了感谢列祖列宗的尽心尽力保佑，他带领皇室子弟去祭祀，以表达感激之情。于是，雍正皇帝将朝中的诸多事务托付给张廷玉、鄂尔泰两位大臣打理。

鄂尔泰与张廷玉，虽然都是朝中重臣，但两人的关系并不好。鄂尔泰是一个不好惹的主儿，他满族出身，家庭背景高贵，文武双全、功勋卓著，在朝中威望极高，特别在大兴水利、平叛准噶尔部等方面，创立了张廷玉无法比拟的业绩。在能力方面，张廷玉一路从秘书干到宰相，官职比鄂尔泰高一点儿，但是在知人善用、带兵打仗等方面，都要逊色一些。

虽然鄂尔泰的能力、功勋都比张廷玉强，可张廷玉并不嫉贤妒能，反而偷偷在乐。这是为什么呢？这绝不是因为张廷玉心胸宽广，而是政治老手的张廷玉深谙一个道理，在官场他必须找到高手与自己保持权力平衡。这十年来，血淋淋的事件太多，每每想来，张廷玉就不寒而栗。比如因为权力失衡，年羹尧倒下来，隆科多被禁锢……如果朝中任凭他张廷玉一人独大，那这种局面将无疑是一个非常危险的祸患。

张廷玉没有像鄂尔泰那样经常在外面主持工作，一个重要的原因是他要栽培一个人，此人就是他的儿子张若霭。在他的几个儿子中，张廷玉最喜欢的便是张若霭。张若霭聪明伶俐，非常具有读书、绘画的天赋。

张廷玉深深懂得人生道理，自己再有才能，再有钱财，再有出息，如果子孙后代不争气，一切的一切都就是白搭。如果让自己的儿子创建一番事业，将来儿子自己的事业壮大起来，那才是张廷玉最盼望和最开心的结果！

因此，张廷玉精心培养张若霭。张若霭也不负众望，年纪轻轻便夺得探花，一甲进士，全国第三名，很是厉害！

康熙五十二年（1713 年），张若霭出生在京城。张若霭不仅长得清秀，聪明好学，而且很听话，是个招大人喜欢的好孩子。

张若霭七岁那年，开始喜欢上绘画，特别是山水、鸟兽之类的尤其喜欢。张廷玉一心想让儿子好好读书，将来考取个功名。可张若霭的爱好，却使得他的父亲张廷玉有了一个重要发现，张若霭有可能会成为一位流芳百世的画家。

张廷玉经过认真思索，做出科学决定，既不能剥夺儿子的绘画爱好，又不能放松读圣贤书。张廷玉做事非常认真，同意儿子张若霭学画，便要给他寻得一位好老师。因为一流的老师有很大机会能培养出一流的学生。

张廷玉一打听，当今世上绘画技水平最高者当属王原祈。王原祈，别号石师道人，是清初著名画家王时敏的长孙，其门下弟子多至百人，

是“娄东画派”的实际领袖，现被召供奉内廷，官至户部侍郎，奉旨在编纂《佩文斋书画谱》，任书画谱总裁和“万寿盛典”总裁。

于是，张廷玉给王原祁写了一封信，并派小华子将信送了过去。信中的意思就是自己的儿子希望拜他为师，希望他能收之为徒，让儿子在绘画之路上走得更远。

王原祁收到张大人要他收其子为徒的来信，根本没有兴致。这不是张廷玉为人不仁，也不是他为官差劲，而是这类官家子弟确实难教。如果你管严了，他会回家告状，自己吃不了兜着走；如果不严肃管教，任意发展，既害了学生，也会毁了自己的声誉。自古以来，官家子弟娇生惯养、不学无术，屡见不鲜。

张廷玉是当朝大官、皇上身边的红人，绝不能得罪。王原祁苦苦思索，但是又不想收这位高官之子为徒，可怎么办呢？

有办法了。王原祁给张廷玉大人写了洋洋洒洒的一封信，意思是我现在身体欠佳，没有精力带徒弟。王原祁也是滑头，这扇门绝不能关死，他在后面留下了尾巴。收徒之事，等我身体恢复后再说吧。

这样既拒绝了张大人，也给了张大人足够的面子。可见，王原祁的交际能力绝不比其画技差啊！

张廷玉看看王原祁的回信，知道王原祁虽然说话客气、漂亮，但却不曾答应收徒。如果自己不执着，不用诚心，将很难打动他。

次日晨曦，张廷玉带上宝贝儿子张若霭上了马车，直奔王府。

王原祁见张廷玉亲自带儿子上门，可见对方诚心诚意之至，只是他还要进一步观察张若霭。张若霭见到王原祁，便赶忙上前一步，跪在地上行礼。

王原祁见这个孩子聪明伶俐，当然开心，但是还必须考考他。

王原祁指着园中树上的鸟儿，对张若霭说：“你画画那只鸟，我要看看你的基本功。”

鸟儿、花儿、草儿以及山水正是平时张若霭喜欢画的。当即，小张若霭趴在地上画了起来。画好后，王原祁端详片刻，在大师眼里这幅画根本算不上画，但是他却从中看到画者的才气：此人精心调教，将来必是画界的大师人物！

王原祈说：“令爱是可雕琢之人。过几天，等我身体好些了，便亲自去贵府给令爱讲学。”

张廷玉看了小张若霭一眼。小张若霭可真是个机灵鬼，马上向王原祈叩头行拜师大礼。

张若霭就这样拜了闻名遐迩的大画家王原祈为师。这是一个很高的起点。起点高，才有机会跑得远！

献上福瑞

雍正十二年（1734 年），张廷玉家里好事连连。儿子张若霭考中进士，取得探花；同时在绘画艺术上也突飞猛进，有了较深的造诣，王原祈师傅已同意他出山。雍正皇帝发现张廷玉工作确实辛苦，便批准他回老家桐城探亲。

张廷玉回到老家的第一件事情就是祭祖，向祖宗汇报他这么多年来所取得的业绩，他也确实给祖上争光了。这时，更有人前来帮忙，比如安徽巡抚见张廷玉回家祭祀，便匆匆忙忙地跑来协助。这下子，更让张家蓬荜生辉。

张廷玉虽然回到千里之遥的老家桐城，但是他的心却仍在京城，经常惦记着朝廷的事情。怎么才能在回乡祭祖期间替皇上、国家做点儿事情呢？

张廷玉想了好久，确实难办，自己暂居在安徽农村老家，能替朝廷办什么事？不过老江湖张廷玉经过仔细观察，得出了结论：能。

当他看到回家途中的百姓安居乐业、一派祥和的景象，他知道找到了答案，那就是让天下百姓安居乐业。这样，大家会感谢皇恩，而自己则会有更多的荣耀和受益。比如有的百姓慕名求见张廷玉，说朝廷好；有的百姓夹道欢迎张廷玉；甚至更多的百姓向他述说这几年来，朝廷减免赋税、大兴水利、赈灾等公益性事业。老百姓真真切切地得到实惠，也是他们喜欢张廷玉张大人的一个根本原因。

张廷玉将沿途所见所闻写成折子，要呈报给雍正皇帝。他相信皇上看到自己将天下治理得欣欣向荣，一定会倍受鼓舞。

张若霭见父亲如此勤政，也想到一招妙棋，结果自己做的比他父亲还牛，他将百姓安居乐业的景象绘成一卷水墨画《大清子民乐居图》。张廷玉见过后竖起大拇指称赞。这次图文并茂的汇报方式，一定会受雍正皇帝的喜欢。

张廷玉从家乡回京后，没有先回府，而是直接进宫面圣。在金銮殿上，张廷玉行过君臣大礼后，向皇上呈上歌功颂德的折子。

雍正皇帝的眼睛笑得眯成一条线，欢心地说："张爱卿，你来了，朕就欢乐。"

张廷玉见有机会了，便立即献上那个巨幅长卷的水墨画《大清子民乐居图》。他知道皇上也爱好书画，此图一呈，龙颜必然大悦。

然而皇上看了此画后，却皱紧眉头，眼中露出怒气，这把一向谨小慎微的张廷玉吓得大气也不敢出。皇上这是怎么了？紧张之余的张廷玉马上清静下来，快速回忆了一遍自己的言行，没有什么不妥当之处啊！那皇上为什么不悦呢？

皇上冰冷冷地说："此画是赝品吧？"

张廷玉被皇上如此突兀的话愣住了。

雍正皇帝又说："张爱卿，此画从何处得来？"

张廷玉转头看了一眼张若霭。只见儿子张若霭正抬起头，傻傻地看着张廷玉。

雍正皇帝说："此人模仿大家王原祈的手法，几乎可以乱真，好在朕曾研究过王原祈的画风，不然差点儿上当。"

这时，张若霭跪倒在地，行了礼后说："圣上，此画是微臣所作。"

雍正皇帝吃惊地注视着这个小伙子。

张若霭说："微臣是王原祈先生的弟子，学艺浅薄，东施效颦，让皇上失望了。"

张廷玉马上补充说："圣上，请恕罪。微臣在回来的路上，看到社会和谐、百姓一派安居乐业的景象，心里按捺不住喜悦之情，便叫犬子将之画了下来，让皇上见笑了。”

雍正一听《大清子民乐居图》是王原祈的爱徒张若霭所画，心想，怪不得朕会误解，因为这画风和王原祈太像了。

雍正皇帝拿着张廷玉献给自己的祥瑞，心里高兴，呵呵大笑地说：“张爱卿，还是你了解朕。你回乡这几天，朕也在想你啊。”

张廷玉赶忙行礼，谢主隆恩。

说着，雍正皇帝把目光望向张若霭，说道：“小伙子，你绘画的功底不错，差点儿把朕给糊弄过去。”

张若霭说：“微臣自幼跟随王先生习画，至今也仅学得了王先生的一点皮毛，以后还要继续学习。”

张廷玉心道：若霭，只要你肯下苦功夫，将来的前途将无可限量！

张廷玉用子民安居乐业释义大清江山稳定，让雍正皇帝放宽心，可见他对大清朝和雍正皇帝的忠心耿耿。如此重臣，怎么会不讨皇上的喜欢呢？

第十二章 乾隆很难搞

雍正驾崩

雍正十三年（1735 年）春，雍正皇帝又病了。他刚吃过御医配的药，静静地躺在龙榻上闭目休息。雍正皇帝每次生病，过个十多天就会痊愈，可是这次很奇怪，病了足足半年多还没有丝毫好转的迹象。张廷玉天真地认为，雍正皇帝比自己小六岁，而自己却牙好、腿好、身体好，皇上应该也没事，离去阎罗殿报到还早着呢！但是过了中秋节，雍正皇帝的病情加重了。

雍正十三年八月二十三日（1735 年 10 月 8 日）深夜，天空中没有月光，只有几点小星星。突然，张府大门外响起急促、响亮的叩门声。之前从来没有如此响亮的敲门声，又是半夜，小华子有点儿火冒三丈，推开大门正要骂娘，可看到来者的样子，他惊呆了，原来是内侍太监来传皇上口谕，宣张廷玉立即进宫。

张廷玉骑着马往宫里赶，这大半夜皇上召见，宫里必定出了大事，是什么大事呢？张廷玉不敢多想。当张廷玉来到宫门前，大灯笼下，远远见到两位太监在翘首盼望。张廷玉跳下马，跟随一位年长的太监疾步往里走去。

进入皇帝寝宫，只见太医和太监乱成一团。张廷玉猜测这可能是要见皇上最后一面，他与这位皇上患难与共了十三年，结下了深厚的情谊。当看着雍正皇帝苍白消瘦的面容，张廷玉的眼睛湿润了。

宝亲王弘历、和亲王弘昼、庄亲王允禄、果亲王允礼和鄂尔泰等人陆续进来候命。

此时，雍正皇帝已经病入膏肓，神志不清，他无法向众臣打招呼。众臣悲痛万分，强忍泪水，全部跪在寝宫门外候着。

时间慢吞吞地前行，皇宫内寂静无声……

突然，一个尖着嗓子的太监叫道："大行皇上龙驭宾天了！"之后，宫门被缓缓打开，哭天抢地的声音涌现出来……哭喊声此起彼伏，一声压一声，仿佛在比赛谁哭喊声响，谁就对皇上忠心耿耿。

此刻有一个人没有哭泣，反而要制止大家。此人就是张廷玉。张廷玉是不是疯了？死了普通百姓，还要哭嚎几句，现在天下第一号人物的皇上死了，你自己不哭也就算了，还不允许别人哭，天理何在？

张廷玉出手果断，快步上前，大声制止众人的哭泣。众人向他投去了仇恨的目光。大家想，这个张廷玉的良心被狗吃了，平时雍正皇帝最信任你，最宠幸你，可在今天这个关键时候，你却来制止大家哭泣。

张廷玉没有理会众人的怪异目光，高声说："我们现在最主要的不是悲痛，而是册立新君。"

众人细细一想，不得不钦佩张廷玉，怪不得他为当朝第一文臣，考虑得就是周到。姜还是老的辣！

"大行皇上应该有遗诏。遗诏在哪里？"张廷玉瞪着总管太监问。

总管太监说："大行皇上没有交代过，奴才也不知道啊？"

这可把张廷玉吓得够呛，皇上如果不立传位遗诏，那这么大的国家，让谁来管理呢？

众人也知道这是头重大事！于是，张廷玉说："当务之急是找到传位遗诏。"

内侍太监开始四处寻找……

张廷玉说："传位的诏书用黄纸固封，背后只写一个"封"字。总管太监连连点头。

不久，众人终于找到了那道传位遗诏。

遗诏是由雍正皇帝亲笔书写的，内容非常明确：由皇四子宝亲王

弘历继位，由庄亲王允禄、果亲王允礼、张廷玉和鄂尔泰四人为辅政大臣。

于是，众人向弘历跪拜行礼，高呼："万岁，万岁万万岁！"

然后众臣前来告辞。张廷玉也过去辞行。新皇弘历对张廷玉说："好好干活！朕不要搞那套马屁功！"

张廷玉道："微臣遵旨。"

张廷玉的心里凉了半截。一个主子一本经，念好每一本经都难啊！

张廷玉，小心点，前面的道路不好走！

配享太庙

雍正皇帝的密旨除了传位之外，还念念不忘张廷玉等重臣，为了让张廷玉死后还服侍老子，雍正皇帝下了一道大清朝从未有过的旨意，让张廷玉、鄂尔泰死后配享太庙。

当张廷玉听到这道旨意后，激动得说不出话来，心想先帝走了还忘不了他。

张廷玉起奏说："圣上，享受太庙是何等荣耀的待遇，微臣实在不配这个称号。"

张廷玉说完，鄂尔泰也接着说："微臣的功勋和德操远远不够配享太庙。"

新皇帝弘历有点儿不悦，这分明是与朕出难题啊。我父皇临终前下了圣旨，现在要我收回成命，可怎么收啊？

张廷玉见弘历久久也没有回复，便再次恳求说，请圣上消取这个待遇。

弘历是一个小年轻儿，没有经历过大风大浪，当然不明白这些老顽固脑袋里在想什么。

弘历说："这是先帝心意，你们不要推辞了。"

"还请圣上替先皇收回成命。"

每到论功行赏时，张廷玉就谦让，这是他的特点，之前每次谦让，总能得到雍正皇帝的肯定和欣赏。张廷玉嘴上虽然推三阻四，可心里却美滋滋的，而雍正皇帝就喜欢这种风格。

而弘历眼中却闪过一丝怒火，心想张廷玉做事婆婆妈妈，以前父皇忍了他十三年，真不容易啊，他有点儿同情父皇！

张廷玉和鄂尔泰见皇上不愿收回成命，于是见新皇上是个嫩角色，以为好欺负，便要起了无赖，跪在地上不起来，心想皇上不给他们一个满意的答复，就不起来。

弘历想这两位重臣这是怎么了？是将来死后不愿服侍父皇？但是自己的皇位还没有坐稳，也不能对他们大发脾气。弘历脑子一转有了主意。他说："配享太庙是高规格待遇，大清朝还没有哪位大臣被赏赐过。就让果亲王、庄亲王回去翻翻典籍，看看历朝历代有无允许大臣配享太庙的先例。"

由此，张廷玉才感觉道这个年轻人不简单，不按常理出牌，感觉自己有点儿不适应了，以前不管是康熙皇帝还是雍正皇帝，自己故意请辞三次，皇上不允，最后自己才接受。

张廷玉回到府上，心里不是滋味，自己服侍了康熙和雍正两代帝王，现在又要服侍康熙的孙子。从今天的事件中，他感觉这个孙子很难搞，即使自己委屈、沮丧、不顺心，也得听从，毕竟胳膊扭不过大腿。

张廷玉感觉到从未有过的劳累！

同时，弘历也单独召见了庄亲王，说："你一定要查到大臣配享太庙的先例，不然父皇死不瞑目。"

庄亲王说："臣一定照办！"

过了几天，庄亲王在金銮殿上起奏说："历史上，明太祖朱元璋曾下旨让李长善等七位功臣配享太庙。因此，先帝的遗愿，让张廷玉、鄂尔泰配享太庙，是有前朝先例的。"

死了进太庙，可以见到大清一代代的先皇，作为大臣的张廷玉当然高兴。可他却怎么也高兴不起来，自从与弘历交锋之后，他感觉自己苍老了许多。

张廷玉毕竟是大清三朝元老，他想尽快修复这层隔阂。张廷玉经过

认真思考后，有了一个完美的方法。他相信只要这招使出，新皇弘历定会记住他的好。

当头一棒

次日，乾隆皇帝在金銮殿上举行继位大典，场面壮观，氛围浓厚。文武大臣三呼万岁，向新皇表示自己的忠心。张廷玉望了一眼朝气蓬勃的乾隆皇帝，英俊潇洒，低头又看了看自己皱纹叠加的老手，心里不免油然而生一种苍凉。自己老了，在朝为官已三十余年，可现在却经常出现记忆力明显下降的情况，比如明天想办的事情，今天却忘记了，怎么想也想不起来。

新皇帝刚上马，自己与他没有交情，也没有私交，他对自己信任度也不高。当然张廷玉并不害怕，因为张廷玉深知人性的弱点，人都喜欢听好话，自己这一招使出，保管新皇帝对自己刮目相看。

张廷玉向乾隆行跪拜大礼，然后说："皇上，微臣有事启奏。"

"张爱卿，说吧！"

"微臣提议，将我们四位辅政大臣改为总理事务大臣。"

乾隆皇帝学识渊博又英明神武，当然明白张廷玉的苦心。这样一改，可以彰显乾隆皇帝独掌乾坤。

乾隆皇帝微微一笑，这一招儿正击中他的内心。此时，鄂尔泰不干了，你把皇帝赐封的辅政大臣名头作为人情白白送出去，你有没有考虑过我的感受。

鄂尔泰出班说："皇上，张大人的提议不合时议。先帝尸骨未寒，张大人就要求修改先帝的遗愿，不可。"

乾隆点了点头，问道："鄂爱卿，你说什么时候修改好呢？"

"三年之后。"

张廷玉见自己好不容易思考出的办法就要黄了，马上出班起奏说："皇上，这事非常重要，关系大清朝千年万载，请皇上择期圣决。"

张廷玉、鄂尔泰是朝中重臣，他们之间对弈之后，谁也不敢插嘴，因为这两位牛人，谁也得罪不起啊！

乾隆皇帝当然明白张廷玉有溜须拍马之意，准了他的奏折，以后这股风一定会盛行。虽然他喜欢听好话，但是有一点儿却让他恢复清醒。因为他是皇上，天下的权力都是他的，什么辅政大臣、总理大臣，还不是他一句话的事。是啊，自己真是差一点儿就上了老狐狸张廷玉的当。

于是，乾隆皇帝说："朕同意鄂爱卿的意见。"

张廷玉脸色发白，在朝堂之上，他的意见好像还从来没有被皇上挡回来过。

乾隆皇帝说："张爱卿，你不会反对朕的意见吧？"

这一招儿很厉害，若张廷玉反对就是抗旨，要丢脑袋的；若赞成，脸面扫地啊。但是机灵的张廷玉当然懂得生命的重要性。

张廷玉连连说"微臣不敢，微臣遵旨！"

张廷玉纵横大清官场三十余载，内心从未有过如此的失落。这个孙子辈的皇帝一上台，便给他当头一棒，根本不考虑他的感受。

当然张廷玉表面上当作一点儿事情也没有。他指示礼部成立临时治丧委员会，自己忙前忙后开始张罗雍正皇帝的丧事。

张廷玉，真正的挑战才刚刚开始！

张府庆寿

乾隆皇帝登基后，虽然没有像他父皇那样关照张廷玉，但是对张廷玉还是非常信任的。张廷玉身为三朝元老，高居权力中心，身上挂满各种职务。这时，乾隆皇帝又任命他一个重要职位，这个职位是众多大臣梦寐以求的，那就是皇子们的老师。

乾隆元年（1736 年）的重阳节是张廷玉六十五岁寿辰。张廷玉服侍了三朝皇上，处理了许多天下大事，他的脸上写满了沧桑。张廷玉有时感觉身心疲累，真想好好休息一下。可他一心扑在工作上，从来没有庆祝过寿辰，他也很想庆祝自己的六十五岁大寿，但是这与他的为人风格完全两样。

亲朋好友得知张廷玉的大寿将至，纷纷提出要给他过寿辰。

张廷玉何尝不想呢？但是官场非常复杂，稍有不慎，便会家破人亡，自己数十年的心血也就白费了。张廷玉只得苦笑一下，说："只要我心情好，每天都在过寿辰。"

有些人见张廷玉婉拒，便对张若霭说："你父亲张廷玉为官辛苦，你作为儿子也要给他过一过大寿啊！"

张若霭说："我父亲性格固执，数十年间，从未做过寿啊！"

"张大人为朝廷、为百姓做出重大贡献，我们理应给他带来更多的欢快。"

张若霭眺望着远方的湖面，脸上绽露笑容。

这一天，张若霭回到家后，就在书房闭门不出，也不愿吃饭。张廷玉见心爱的宝贝不出门，不吃饭，吓了一跳，马上敲门。

张廷玉问："若霭，你怎么了？"，

"父亲，过几天就是您的六十五岁大寿了，我要为您作一幅画。"

"若霭，你看情况吧。"

"父亲为这个家庭付出了太多，我饿着肚子画画又算得了什么？"

张廷玉感觉鼻子一酸，眼睛湿漉漉的。

"父亲，我们要为您六十五岁大寿庆祝一番。"

张廷玉脸色一沉，说道："不必了。小心驶得万年船！"

张廷玉以为庆大寿一事，会就此结束，然而下一个提议，却让他躲也躲不了。

这次提议办大寿之人是张廷玉的学生，也是乾隆皇帝的长子永璜。永璜说："张老师，您六十五岁大寿之宴，我们一定要参加。"

张廷玉说："殿下，微臣没打算过寿辰。"

"不行，您不过寿辰，就是我们这些学生的不孝啊！"

张廷玉一脸的尴尬，是答应不行，不答应也不行。

一旁的永琏说："皇兄，张老师如果不答应，我们便请示皇阿玛，让皇阿玛下旨。"

永璜说："皇弟，这是个好方法。"

张廷玉见这两位皇子如此执着，也就不再推脱，而且现在的皇子就有可能是将来的皇上，他们如此好意，更不能惹他们不开心。

重阳节当晚，张府张灯结彩，热闹非凡。这是张廷玉六十五岁大寿，也是张廷玉第一次公开而隆重地过寿辰！

礼物陷阱

张廷玉要过寿辰这事让全家人开心。张若霭不解地找到父亲张廷玉，问道："此前，您不过寿辰，就是怕收礼物，难道现在解决了这个问题？"

"为父想到了办法。"

"什么办法？"

"寿辰照过，礼物照收，只是我们将这些礼物送到内务府，上缴朝廷。"

"父亲高明，孩儿自愧不如。"

张府开始张灯结彩，府里府外贴着大红福字。此事也被乾隆皇帝知道了，当然这个精明的皇帝也不可能不知道。乾隆皇帝让御膳房给张廷玉烧了几道宫廷美食，并派专人送来。

这事传开后，不是张府热闹，而是整个京城为之震动。新皇帝给张廷玉祝贺寿辰，可见张廷玉在皇帝眼中的分量。

皇上祝寿，各级主要官员当然也要凑个热闹，不管与张廷玉认识的还是不认识的，贺礼纷至沓来。张若霭等人笑脸相迎，开心极了，而张廷玉的举止十分反常。正当大家沉醉在这份甜蜜、喜悦之中，而主角张廷玉却独自一人在内屋踱步，他愁眉苦脸地唉声叹气……

张若霭见父亲如此不悦，小心地问："父亲，皇上给您庆寿恩重如山，但您老人家却因何烦恼？"

张廷玉轻声说："这既是祝福，也是给我挖的大坑。"

"什么大坑、小坑？"

"过了大寿之日，你就知道了。"

张廷玉寿辰当晚，张府人山人海，皇子皇孙、各路官员和商人以及张廷玉的弟子前来祝贺。

夜晚如白昼一般，他们在张府欢庆了三天三夜。

张廷玉脸上带着笑容，热情好客，但是内心是痛苦的。知父莫如子，看懂张廷玉内心之人就是儿子张若霭。

张若霭说："父亲，您好像更老了一些？"

张廷玉瞪着他问："礼物收了多少？"

"现银两万四千六百两，珍珠、玉器、玛瑙、古玩字画不少于十万两纹银。"

张廷玉傻傻地站在窗前，不知所措。

张若霭说："父亲，这个不用担心的，明天我把礼物全部交给内务府，皇上也不会怀疑父亲贪污或朋党之嫌。"

"可是收了这么多礼物，皇上会怎么想啊？"

普通臣子三年俸禄只是五十两银子，而这次送礼的官员每人送了至少上百两银子，多者上千两银子。这笔账不用查，明眼人就知道这是赃款。把银子缴上去，就是把这些朋友交到刑部，这是张廷玉最不想看到的事。但是收下礼物不上缴就是贪污，随时随地都可能有牢狱之灾。

收也不行，上缴也不行。这把张若霭吓得脸色发白，两腿颤抖。怎么办啊？

"为父有办法，就是要辛苦你了。"

"父亲，您说，孩儿不怕辛苦。"

"若霭，明天一早，你便按照送礼的名单，一家一家地退礼物。当然你一定要告诉人家，这份心意，我张廷玉领了，但是礼物却绝不能收。"

"可各位王爷、阿哥们的礼物怎么办？"

"这个为父亲自登门退礼。"

张廷玉还是有两把刷子的，顷刻间将这个重大隐患化解，真个是智勇双全！

张廷玉将礼物退回后，当晚便睡了一个安稳觉。

乾隆皇帝得知张廷玉退礼，龙颜不悦。乾隆皇帝本想，张廷玉是老臣，新帝的所作所为，难以让他口服心服。只要抓住了他的小辫子，想要怎么甩就怎么甩。现在却让张廷玉溜之大吉。

乾隆皇帝决定给张廷玉再来一招，看他怎么躲闪。他派太监小德子来到张府，传达皇上口谕：张廷玉既然办了大寿，怎么可以不收礼呢？礼物应当可以收，不然别人会认为朕管得严呢。

从表面来看，乾隆皇帝是一片好意，但是张廷玉听到后，却差点儿摔倒，这分明是皇上又一次考验他，稍有不慎，将身败名裂。

张廷玉对小德子说："请公公放心，微臣一定遵照圣上的旨意执行！"

送走了小德子，张若霭在厢房见到张廷玉。张若霭说："我们千辛万苦才将礼物退回，难道我们还再去要回来吗？不行，这个脸面我丢不起。"

"为父何尝不是这样想啊？"

"那您为什么不去跟圣上明说啊？"

"难道跟圣上说，圣上会答应吗？幼稚！"

"那我们该怎么办？"

"这个我也不知道啊！"

自从小德子来过之后，张廷玉连续三个晚上夜不成寐，人削瘦了一圈。张廷玉知道，如果把退回的礼物再去要过来，他丢不起这个人啊，以后将在官员眼里失去威信；如果不要回来，就是抗旨之罪，那可是要丢脑袋的。

张廷玉思前想后，这两条路他都不想选，但是他也想不出另外的办法。那天的一顿晚饭，却帮张廷玉找到了办法。

那天，小华子盛了满满一碗米饭递给张廷玉。若是以前，吃这些当不在话下，但是这一天，张廷玉嫌饭多，要盛出来。

张廷玉吃了小小的几口饭，便放下了碗筷。

张若霭问："就吃这些，父亲能吃饱吗？"

"够了，够了。"

张若霭跳了起来，说："父亲，孩儿有办法，可解决贺礼之事。"

“你说，你说。”

“我们去每户退礼的人家，要他们每人支付那天宴会的伙食费，这样既解决了圣上要求收礼一说，又能让众位大臣服气。”

张廷玉听后，拍了拍儿子的肩膀，说道：“为父年纪大了，不如你们这些年青人啊！”

乾隆皇帝得知张廷玉巧妙化解了自己的进攻，不得不佩服这个老家伙，但是他还是不放心。

官路并不平坦。张廷玉，前面迎接你的是一次次的考验！

塘栖御碑

乾隆皇帝坐上皇位后，相当重视政务，将朝廷事务处理的井井有条，足以显示他的政治才能。若干年之后，乾隆的皇位坐稳了，百姓安居乐业，天下人才济济、江山如画卷。

大家以为乾隆皇帝会非常满意，其实不然，乾隆皇帝也有遗憾，因为他孩时的一个心愿还未实现。这个愿望埋藏在他心底二十年，从未与人说起过。乾隆自小生活在北国，非常向往风景如画的江南，他的心愿是要去一趟江南杭州。让乾隆产生此强烈欲望的人不是大清官员，也不是大清百姓，而是宋朝人，名字叫苏轼。苏轼曾写下一首脍炙人口的诗《饮湖上初晴后雨》，诗文如下：

水光潋滟晴方好，山色空濛雨亦奇。

欲把西湖比西子，淡妆浓抹总相宜。

乾隆暗暗发誓，有朝一日一定要目睹这个比西子还美丽的江南。

那天，在金銮殿上，乾隆皇帝兴致勃勃地问众臣：“朕想去江南，众位爱卿有何看法？”

大臣们见这是个千载难逢的拍马屁机会，便纷纷出班表示支持并祝贺，大概意思是皇上御驾亲去江南，既可以视察民情，又可以考察官员，一举多得。

众臣说的令乾隆皇帝全身舒坦。这时，乾隆皇帝看了一眼张廷玉，见他没有吱声，便点了张廷玉的名字，叫他说下看法。

张廷玉出班行礼，说道："皇上，此次江南之行，微臣认为暂且不妥。"

这话音刚落，众位大臣便都吃惊地望着这位三朝元老。大臣们想，这个张大人糊涂了，这个时候怎么能泼冷水啊？他可能要被皇上看不起。也许是张大人年纪大了，不适应新情况。

乾隆皇帝一听此话，刚才兴致勃勃的雅兴一扫而光，不悦地盯着张廷玉，冷冰冰地问："张爱卿，你说说看，为什么不行呀？"

众人把目光齐刷刷地集中在张廷玉身上。

张廷玉像没有看见似地，他不卑不亢地说道："皇上，微臣认为有三个理由。一是立即前去，不利于皇上的安全和生活等方面。此去路途遥远，交通工具、行走路线、住宿场所等，必须有一年以上时间的准备周期。二是朝中事务多，都要皇上拿主意。皇上去江南少则一个多月，多则两三个月，会影响处置国家大事。三是皇帝去地方，会增加地方官员的负担。地方官员自己不会生产银粮，这个负担最终是要增加百姓的压力。"

众臣刚才替张大人捏一把汗，听到这一番话，大家松了一气。

乾隆皇帝本想好好教训一下张廷玉，见他说得头头是道，也不得不暗暗佩服这位张大人的机智、才能。

过了一个月，浙江等地上报，这一年水灾，百姓受到不同程度的损失。

众臣心想，乾隆皇帝本来要去江南的，好在没有前往，不然会被水灾困着了。不知道什么时候，水会退下来？

乾隆皇帝面对百姓受灾的奏折，有点儿愁眉苦脸。张廷玉眼尖，早已猜到皇帝的真实想法。他跪拜在地，向皇帝奏明："江南现在受灾，皇上最好去视察江南，了解百姓的疾苦，也可让百姓感受皇恩浩荡。"

乾隆皇帝脸上露出笑容，心想这个张廷玉还算聪明，自己解开了自己的结，便故意问："我们应该赈济多少银粮？"

这道题难倒过许多大臣，因为灾民、受灾面积还没统计出来，怎么知道赈济多少。这分明是在有意为难张廷玉。

张廷玉在问题面前，也不退缩，而是主动回击。张廷玉说："这次前去不用带赈灾银两和粮食。"

这句话，真是一石激起千层浪。众臣议论开了，这次张廷玉麻烦了，明明说是赈灾，却又不出银粮，让皇上怎么赈灾啊？皇上又不是魔术师，难道让皇上空手套白狼啊？

乾隆皇帝靠在龙椅上，手指点点龙桌追问道："不用银粮赈灾，这是哪个国家的赈灾？朕还是头一次听说，还请张大人向朕详细解释解释。"

众臣都替张廷玉捏了一把汗。

张廷玉缓缓地说："皇上，不带赈灾银粮，不是说就不用银粮。"

"张爱卿，不带银粮的赈灾，如何做？朕想听，你说吧。"

"办法很简单，就是免除税款，这样比赈灾效果还要好。"

乾隆皇帝眼前一亮，这才懂得眼前的这位张大人不是沽名钓誉之辈，其才华着实让人钦佩啊，能在三朝为重臣，此人必有过人之处。怪不得皇祖父和皇父如此信任他。

乾隆皇帝笑逐颜开地说："张爱卿的办法很好，正是朕的真实想法啊！"

"皇上，免除浙江本年税款如何？"

"张爱卿，有话请直说！"

"浙江年年顺利完成税款，比安徽、江苏等地好多了。微臣想到这样既可以奖励浙江顺利缴纳税款，也可对拖欠税款的其他省份予以鞭策。"

"张爱卿，你的建议非常好。"

乾隆皇帝答应免税之后的几天，他自己也有了一些困惑，于是在南书房立即召见了张廷玉。

乾隆皇帝说"张爱卿啊，这次大概给浙江免除银粮多少？"

张廷玉说："回禀圣上，一共三十万两。"

乾隆皇帝说："三十万两也不是小数了，当然朕并不心疼这点儿钱，只是感觉有点儿不妥呀！"

“请圣上明示。”

“朕认为教育意义不大。老百姓根本不知道皇恩浩荡。”

是啊，当时没有电视、电话，更没有互联网，陆路交通又不便，要想提高全民的知晓程度确实难。

张廷玉说：“圣上考虑得周全，不过微臣有了解决这个难题的法子。”

乾隆皇帝听罢，站起身，满面笑容地问：“张爱卿，快、快说！”

“微臣认为，圣上下旨免去浙江本年度的税赋，只有地方官员们、富商地主们知晓，普通百姓难以知道。微臣的法子，不仅可以让广大百姓知道，而且还可让世世代代的百姓知道，这是圣上的圣明和恩泽。”

乾隆皇帝上前两步，拉着张廷玉的手说：“张爱卿，朕在认真听啊！”

“竖立一块御碑，让浙江百姓不要忘记圣上惠爱百姓。”

“非常好。张爱卿，你可真是朝廷栋梁也！”

这一次，君臣两人谈得非常投缘，基本确定了在御碑建立之后，乾隆皇上明察暗访之行。当然皇上出去的准备工作要做好久，比如住所（行宫）要重新装饰一下。

接下来，乾隆皇帝下旨免去浙江本年度三十万两税银。

浙江巡抚雅尔哈善等官员当然感谢皇上，派人寻来一块大石头，在其上雕琢乾隆皇帝的圣旨。但这却遇到一个问题，那就是究竟把御碑放在哪个地方。

一批官员建议，将御碑放在巡抚衙门外面，每天可以牢记皇恩浩荡，这是对圣上的尊敬。另一批官员则说，御碑的意义就是为了让广大百姓知道并传播皇上的恩泽，应该找一个四通八达能够传播信息的地方。

这让巡抚大人雅尔哈善为难至极。他立即想到自己的老师——张廷玉，马上给张廷玉写了一封信

张廷玉的回信非常简短，他完全支持第二种意见。

于是，雅尔哈善巡抚征询官员，御碑放在哪个地方合适？

官员们各抒己见，但是大多数官员提出御碑应立在杭州府仁和县塘栖镇。

塘栖镇是杭州府的北大门，北邻湖州府，水上交通发达，有四大米市，四十余个码头，经济蓬勃发展，民风淳朴……

于是，雅尔哈善亲自坐船来了一趟塘栖镇，并在运河之北几百米处，选定了御碑的安放之处。

此碑通高 5.45 米，宽 1.4 米，厚 0.8 米。路边设一块小碑子，上写“文官下轿，武官下马”。远远望去，御碑显得非常大气。

雅尔哈善等官员从轿子上下来，望着这块御碑如同皇上亲临。他严肃地向前迈了几步，带领众臣向御碑跪拜行礼。

御碑现在仍竖立在杭州塘栖。游人每每到塘栖，总得去浏览一番。

巧计斗鸟

乾隆皇帝要下江南，不少人认为他要有艳遇，如果你也这样想，那就大错特错了。乾隆皇帝有这么多妃子、宫女，他虽然很兴奋，但也很累，对于女人他已经忙不过来了，脑袋里根本不想这档子事。乾隆皇帝看过许多书，深知“读万卷书，不如行万里路”的道理。当然，他也需要游玩，借此考察一下民情。

乾隆十六年（1751 年）末，乾隆皇帝坐上龙船，浩浩荡荡的船队行驶在大运河上，直奔杭州方向。当龙船抵达杭北一个古镇，乾隆皇帝被眼前的美景惊呆了。大运河穿镇而过，一条条船儿如鱼儿似地川流不息。一座七孔石桥横跨大运河之上。河岸是美人靠椅子，沿河是古色古香的黑瓦粉墙老屋，人头攒聚，一派热闹景象。

乾隆皇帝问身边的浙江巡抚雅尔哈善：“这是哪里？”

雅尔哈善行礼回复说：“皇上，这是塘栖，杭州府北面的一个古镇。”

乾隆皇帝说：“塘栖？朕听说过的，就是那个盛产枇杷之地。”

雅尔哈善趁机拍马屁说：“皇上英明，塘栖有花果之地、鱼米之乡、丝绸之府之美誉。”

这个巡抚也真好当，有如此香甜嫩软的枇杷，给他加分不少，当然要想让乾隆皇帝忘记也难啊！

龙船靠岸，乾隆皇帝在众臣的陪同下，视察新竖立的御碑。乾隆皇帝看到比自己还高大的御碑，非常满意。为了这个满意，雅尔哈善可是花费了许多个日日夜夜。

傍晚时分，乾隆皇帝到行宫休息。行宫建在广济桥的西南面，雅尔哈善知道皇上要来，必须要有一个休息的场处，新建行宫已经来不及了，只得征用一处商会，经过改建，变成了皇帝的行宫。

乾隆皇帝步入行宫，下旨一概不见地方官员。

次日清晨，乾隆皇帝早早起来，换上平民衣服，带上太监小德子从偏门出去。他们直奔福王府。福王是南宋皇上的弟弟，因为皇上没有儿子，后来他的儿子便当上了皇帝。福王喜欢塘栖这块风水宝地，便在这里建了王府。

福王府虽然经过元、明两代的风风雨雨，整个建筑显得苍老、萧条，但是园林、楼宇一点儿也不逊色，还是当年的那般精致、宏伟！

从福王府出来，乾隆皇帝说：“小德子，朕看七孔石桥那边热闹，咱们去看看。”

小德子也没有行礼，只是连连点头。因为微服私访之前，乾隆约定二人不得以君臣相称。

他们来到桥边一家茶楼，见顾客济济一堂，两人信步进入。见靠窗的一个主位空着，可乾隆皇帝刚坐落，店小二便跑过来说：“客官，使不得啊！”

乾隆皇帝奇怪了，老子龙椅坐腻了，想消停几天，这个椅子难道比龙椅还要贵重吗？

小德子忙问：“你开门做生意，我们是顾客，有什么不妥啊？”

店小二忙说：“这把椅子是镇上斗鸟公子哥包下的。”

小德子问：“他是何人，很厉害吗？”

“是啊！这个斗鸟公子，每次比赛总是赢。前几天，有一位茶叶店

老板还曾经输得家破人亡。”

小德子正要呵斥他，乾隆皇帝向他使了个眼色，二人便悄然出了茶楼。

过了半个时辰，那位斗鸟公子便带着鸟来到店内。顾客都围观过去，看笼子中精神抖擞的大鸟。那只鸟也像英雄一样，仰起脖子，小眼珠转来转去。

斗鸟公子对鸟儿说：“王子，你好几天都没有挑战者了。”

这时，乾隆皇帝带着小德子又进来了。不过，此时的乾隆皇帝手中却拎着一只鸟笼。

斗鸟公子看到后，说道：“让它们来斗一场。”

“是明斗还是暗斗？”乾隆皇帝问。

“由你决定吧。”

“暗斗吧。”乾隆皇帝说。

暗斗就是把黑布拉下来挡住外面的光线，让鸟儿在笼里黑咕隆咚地拼杀。

于是，乾隆皇帝将笼子放在桌子中央，斗鸟公子将自己的鸟放进乾隆皇帝带来的笼子中。一会儿，里面便响起了打斗撕咬声，笼子晃动着。斗鸟公子脸上露出笑容，心想王子这次又给自己争光露脸了。

过了一炷香时间，笼子没有了动静，胜败已分。斗鸟公子掀起黑布，惊讶地发现自己的王子竟倒在血泊中，笼子中还飘散着几只王子的羽毛。

沮丧的斗鸟公子正要离开，当他看到乾隆皇帝带来的“鸟”时却惊呆了，这哪是鸟啊，分明是一只大公鸡。

“你们作弊，怎么可以用公鸡啊？”

茶楼沸腾起来……

乾隆皇帝不愧是皇上。只见他镇定自如，轻轻地说：“鸟就是鸡，鸡就是鸟。”

顾客本来对斗鸟公子不满，见这位贵人替大家出气，当然支持，他们便跟着起哄道：“鸟就是鸡，鸡就是鸟……”

由此，“鸟就是鸡，鸡就是鸟”这句话，至今还在塘栖的百姓中流传！

第十三章 晚年多磨难

如履薄冰

张廷玉与乾隆皇帝打了几年交道，领教了这位年轻皇帝的厉害，可比他老爸雍正皇帝难搞。张廷玉本来做事就谨慎，这以后便更加小心翼翼，如履薄冰。

那次，乾隆皇帝任命张廷玉为会试主考官。张廷玉格外小心，亲力亲为，将会试工作完成得井井有条。但是乾隆皇帝却并不满意，甚至认为张廷玉做得不对。而张廷玉认为自己没有错。乾隆皇帝给张廷玉戴的帽子是“爱出风头”。原来张廷玉让自家一群侄儿回避会试，这遇上一般的皇上定会表扬一番，可乾隆皇帝却不是一般的皇上，经常不按常理出牌，他认为张廷玉是在作政治秀，在出风头。

乾隆皇帝也是聪明人，这次既没有明说，也没有批评张廷玉，而是在心里暗暗记下一笔。

会试结束后，乾隆皇帝奖励了许多官员，都是张廷玉手下，却唯独没有张廷玉。这让张廷玉非常难过，张某人为了这次会试，花了九牛二虎之力，还动员一群近亲回避，工作做得如此出色，皇上奖励了这么多大臣，就是没有自己这位主角，皇上明显对自己有成见。

张廷玉回府后，越想越生气，自己在会试中秉公办事，腰杆子挺直，却受到冷遇。他心说，自己伺候了你爷爷、你爸爸，都比较通情达理，但是现在伺候你这个“孙子皇帝”却怎么这么难啊，感觉做事吃力

不讨好，如果让你这个“孙子皇帝”无缘无故地欺负，自己还有什么颜面在众臣中列为宰相。张廷玉决定有必要试探一下，看看这个“孙子皇帝”心里到底有没有他。

次日，张廷玉进宫面圣，行了君臣大礼后便直奔主题，说：“微臣已近古稀之年，最近精力不济，恳请圣上辞去几个兼职的差事，也给后生提供一些历练的机会。”

乾隆皇帝一听，脸往下一沉，可片刻后却微笑地说：“张爱卿，前段时间，你主考会试非常成功，眼下马上要进行殿试，请辞之事，以后再说吧。”

“微臣遵命。”

“在会试中，你回避的侄儿们肯定对你有埋怨吧？”乾隆问。

“微臣为了朝廷出力，不用管这些孩子。”张廷玉答道。

“哎，不行。这次朕要帮你的忙。试卷由朕亲自出题，你侄子们不用回避了，让他们直接参加殿试吧。”

张廷玉惊喜万分，这真是天上掉馅饼啊！让侄儿们不用笔试，便可直接进入殿试。

张廷玉谢恩后，直接往家赶，一路上鲜花盛开，张廷玉心情特别好。这次最大的收获不是侄儿们进入殿试，也不是没有批准请辞，而是他做了最勇敢的请辞，让乾隆皇帝明白他并不是一位贪权之人！

乾隆皇帝见张廷玉能守能攻，办事周道、仔细，遂慢慢对他另眼相看。但是乾隆皇帝是个喜欢惹事的主子，如果有几天太安稳，他就会全身不舒服。

张廷玉真是个人才型宰相，大大小小事情处理得妥当，让乾隆皇帝省心多了。但是乾隆皇帝是一位创新的皇帝，凡事总要挑三拣四。他深知每个人都有缺点，张廷玉能力强，廉政方面不一定没问题，他不相信每位大臣都廉洁奉公。

于是，乾隆皇帝决定从工程建设中检查一番。从古至今，最腐败的口子就是工程建设。从工程建设中最好能揪出几只老鼠，以此警醒世人。

一般来说，追查案件，都是保密的，但是乾隆皇帝却完全不同。他把自己追查工程贪污腐败的想法告诉张廷玉，让张廷玉派人先自查。这正是乾隆皇帝的高明之处，全国这么多工程，查来查去需要好几年，既影响了他们的本职工作，又不一定能查出什么贪污腐败案件。

张廷玉深知手下这些官员，经过十年寒窗苦读考进官场。考中进士当官虽然很难，但是有一门课是免考的，那就是思想品德课。考上进士之人是不是思想品德高尚，这个难说，这事与当官没有什么关系。因此官员很杂，有品德高尚的，也有品德低劣的，参差不齐。

张廷玉接到乾隆皇帝谕旨，非常不放心，马上通知工部，要求他们自我检查，发现问题马上整改，如果被皇上查出来，丢官丢命皆有可能。

工部尚书赵殿最接到这个通知后，吓得脸色发白，马上派人查漏补缺。他也是聪明之人，抓住重点，就是要把大项目、大工程首先查清楚，不然让皇上追查出问题，大家吃不了兜着走。

工部将三年来的大工程仔细核查后，发现问题真不少，但是还来得及，可以补缺。这要感谢张廷玉能提前通知，给了他们一个纠正的机会。

这年三月，皇上派出的调查组进入工部，工部的头头脑脑们一点儿也不担心，信心十足。然而事情的结果，却让他们连连叫苦，他们这才领教了乾隆皇帝的威力。

调查组按照乾隆皇帝的口谕，不查大项目，不查大工程。比如皇家灯会承建费用两万两银子，乾清宫装潢费用一万两千两银子，圆明园正门翻新费用八千两银子，这些统统都不用检查。而只查那些芝麻类的小项目、小工程。这完全让工部的头头脑脑们差点儿去撞墙，他们将大项目、大工程补全了，但是不查，反而却查这些鸡零狗碎的小事。

乾隆皇帝太狡猾了。

调查组效率很高，很快便查出一笔账有问题。修缮太庙的"庆成灯"总共开支了五百两银子。这几百两银子，如果全部都贪污了，也是小罪一桩。

乾隆皇帝找来张廷玉、赵殿最，扫了他们一眼，说："朕视察太庙，

发现只修缮了三十六盏灯，却要支出银子五百两，就是重新购买新灯也不需要这么多钱。”

张廷玉一听便傻眼了，赶紧跪在地上说：“微臣失察，请圣上惩处。”

赵殿最两腿筛糠，扑通一声跪倒，说：“微臣有渎职罪，请圣上开恩。”

乾隆皇帝问张廷玉如何处理此事。

张廷玉扫了一下赵殿最，向皇上说：“圣上，虚报银两虽然少，但是其罪不可以赦免，一定要彻查到底。”

乾隆皇帝听后却说：“这次就免了吧。让他们把银子补上就行了。”

表面上，好像皇上在帮着张廷玉。可张廷玉心里最清楚，这个“孙子皇帝”，比他的爷爷、爸爸更难伺候，他不会这么简单处理的。

在回家的路上，张廷玉的心一直悬着，他感觉自己控制不了事态的进展，难道自己的官路快要走到尽头了？

张廷玉迈着沉重的脚步进入家门，重重地坐在靠椅上。张廷玉心事重重，越想越不对劲：乾隆如此精明强干之人，怎么对查出的案子不了了之呢？这里有阴谋，不是又在试探自己吧？自己该怎么办呢？

张廷玉面对这位新主人，感觉到了前所未有的挑战。张廷玉与康熙皇帝、雍正皇帝这些名君打交道可以说是驾轻就熟。可遇上乾隆皇帝这么个年轻人，他感觉自己难以把控事态，非常不适应。难道自己真的老了吗？

张廷玉站起身又坐下，坐下了又站起身。他深深知道自己不能一味地等待，必须主动出击，让乾隆皇帝正确认识我张某人为朝廷尽心尽力，从不徇情枉法，从不懈怠工作。再百姓心目中，皇上一直都是一言九鼎的，可张廷玉深知皇上毕竟也是一个人，多数时候还是会改变主意的。

过了两天，张廷玉进宫面君，向乾隆皇帝汇报了前段时间的重点工作。张廷玉正在滔滔不绝之时，突然脸色发白，用手捂着嘴巴……乾隆皇帝见了，立即问：“张爱卿，你怎么了？”

“牙，痛！”

“牙疼不是病，疼起来要人命！”乾隆说。

“皇上，微臣对牙病不够重视，现在变严重了。”

“哎呀。”乾隆叹气道。

“牙病初发时，只要补上就行。”张廷玉说。

“现在是不是要拔掉牙齿？”乾隆皇帝问。

“何止拔牙，现在还影响微臣两侧的好牙齿，两侧牙齿也要拔掉。”张廷玉痛苦地说。

乾隆皇帝望着面前这位三朝元老，陷入深思。

张廷玉趁机说：“皇上，做事与对待牙齿一样，发现问题要从小制止，等它大了就要出大事。”

乾隆皇帝说：“前几天，我们查处工程腐败案，虽然小，但是如同你牙齿发病一样，后患无穷。”

张廷玉说：“皇上英明，这种虚报工程费用，欺瞒皇上以图蒙混过关，微臣认为要严查到底，并杀一儆百。”

乾隆皇帝微笑点头。

张廷玉继续说：“皇宫大小工程，小项目工部先预支，验收合格后再向内务府申请；大项目，最后由皇上钦定，内务府支付资金。各类工程要派出大臣不定期监理、审查。”

这正是乾隆想说的，但却不知该如何表达出来。这次被张廷玉一语捅破，乾隆皇帝非常开心，对张廷玉终于放心，这位从爷爷手中传来的活宝，现在归自己使用，非常好使，一点儿也不显老啊！

其实乾隆皇帝哪里知道，这是张廷玉精心设计的一次汇报，牙病早已有之，只是在这里当成道具，将自己想要表达的态度清晰地讲出来，又照顾了皇上的面子。

张廷玉看出乾隆皇帝的不满情绪，用一个小小的办法将这位高高在上的皇帝说得心服口服。在伴君如伴虎的那个年代，周旋在皇上身边，让皇上信任确实不易！

张廷玉真乃高人也！

朋党之争

朋党就是官僚集团，即一些官僚为了维护自己的利益，抱团组成团体，以党派或组织的形式，与其他党派展开斗争，用一切手段进行陷害攻击，置对方于死地而后快；同一党派内部为了共同的利益结成联盟，相互帮助、提携。

朋党对国家政治会产生很大的危害性，容易导致国家的分裂，甚至灭亡。因为朋党为了各自集团的利益，会置国家命运不顾，斗争激烈时，连皇帝也无可奈何。

大清国有没有朋党呢？不仅有，而且一直也没有中断过。最有名的是年羹尧党、隆科多党……这些朋党对国家、社会危害比较大。张廷玉从政后，听从父亲张英的教诲，不管哪位大臣、王爷邀请参加党派或团体，他一律回绝，始终没有参加任何党派，这让张廷玉在皇上面前底气十足，而皇上就喜欢这类没有朋党背景的大臣。这正是张廷玉的高明之处，大臣的命运都掌握在皇上手中，你去参加朋党，还不如死心塌地跟着皇上干，把皇上哄开心就够了。

张廷玉历经康熙、雍正两朝，巧妙地回绝了各类朋党的拉拢。到了乾隆朝，却发生了戏剧性的变化，张廷玉这位最反对、最痛恨朋党的大臣，竟一不小心，自己成为朋党，而且还是朋党的领袖。

当时，张廷玉虽然反对朋党，但是鄂尔泰大臣却喜欢结党营私。以鄂尔泰为首的朋党权势非常大，但是他们还嫌不够大，因为张廷玉掌握一些国家主要机构。鄂尔泰的想法很简单，只要把张廷玉赶下台，世上就没有哪位大臣能与他比肩并坐，分庭抗礼。

鄂尔泰也是聪明能干之人，他要搞倒张廷玉，从来不亲自出马，让他手下出面，乱诽谤、告黑状，弹劾张廷玉。张廷玉面对弹劾，从不胆怯，总是理直气壮地奉陪到底。因为张廷玉做事谨慎，没能被人抓住小辫子。

鄂党人才济济，强悍的人物有张广泗、鄂容安、仲永檀、于世、胡中藻。这些人都是鄂党的铁杆成员。

张廷玉面对鄂党的紧逼进攻，总能轻松化解。他也不想招惹官场是非，总绕着弯子与鄂尔泰拉开距离。但是鄂尔泰仗着自己是满族首席大臣，一直看不起汉人，当然也看不起汉臣。有时，鄂尔泰在大臣面前故意刁难张廷玉，张廷玉虽生气，但却不报复，而是一笑了之。这让鄂尔泰有劲没处使。在张廷玉的字典中，旗鼓相当的大臣不能与之为敌，更不会与之树敌。

由于鄂尔泰经常挑衅，汉臣们看不过去了，经常为张廷玉鸣不平，久而久之，以张廷玉为首的朋党产生。张廷玉的势力也很强大，四品以上在京中担任要职的，其中桐城张家就占了十五人。张廷玉的门生、文友张照官至刑部尚书，学生汪由敦官至内阁学士……

张、鄂两派第一次正面相争，是雍正十三年（1735 年），起因是鄂尔泰在“改土归流”中的一些蛮横做法，触动了贵州地区百姓的利益，从而引发当地动乱。鄂尔泰平时态度蛮横，看不起百姓，一旦百姓闹事，他便马上派人镇压，结果却是他看不上的这些人非常厉害，把他的军队打得落花流水。这就是骄兵必败的道理。雍正皇帝闻讯后，火气非常大，将鄂尔泰骂了个狗血淋头。

百姓造反，雍正皇帝一直都慎重对待，当即派出果亲王、皇四子、皇五子还有张廷玉，会同鄂尔泰负责贵州苗疆一切军政事务。在这个弹丸之地，派出如此多的高官，有点儿牛刀杀鸡的味道。

苗族毕竟是少数民族，真正打仗起来便势单力薄。大清悍将哈元生带着部队清剿，不满一个月，便将对方打得喊爹哭娘，然后平定了叛乱。

雍正皇帝下旨，令果亲王等王爷、大臣回京复命，对有功之臣进行封赏，同时任命刑部尚书张照前去贵州，加强中央对苗疆事务的监管。张照是张廷玉的心腹，平时见鄂尔泰对张大人没有礼貌，一派牛气哄哄的样子，很看不惯鄂尔泰。他想现在机会来了，只要找到鄂尔泰违法乱纪的证据，鄂尔泰便只有死路一条。

张照本想把自己的意见告诉张廷玉，但是张廷玉做事谨小慎微，即使同僚欺负他，他也不想与同僚为敌。在张廷玉的脑海中，多一个敌人就是多一个结。于是，张照打定心思要去扳倒鄂尔泰，但不能让张廷玉

知道。可这个草率的决定，竟差点儿让张照去鬼门关报到。

张照抵达贵州，不管百姓死活，什么安抚、休养生息之事通通被他甩到脑后，要做的事情只有一件，那就是广泛收集鄂尔泰任云贵总督期间的违法乱纪证据。

张照到了贵州，走访州县衙门、地方乡绅，进行全方位的调查。功夫不负有心人！不久，张照取得了实质性的进展，他发现：云贵地区曾爆发过多次苗民起义，可鄂尔泰却隐匿不报，而且对苗民用刑严苛、惨无人道，任意宰杀苗民。

同时，张照还搜集到鄂党要人张广泗的罪证，张广泗在出任贵州巡抚期间贪赃枉法。

张照拿到这些罪证后，彻夜难眠，终于可以给老师张廷玉出一口恶气，只要将这个罪证送给皇上，鄂尔泰等一伙必然倒掉。这是扳倒鄂尔泰的最佳时机，过了这个村儿，可就没有那个店儿了。

当张照将客观、真实的罪证送到雍正皇帝那里，雍正皇帝却没有处理鄂尔泰、张广泗等。许多年后，张照还是谅解皇上的，只怪自己运气不佳，因为当时雍正皇帝正躺在病榻上，奄奄一息。

乾隆皇帝继位后，当然也看到过张照的举报信，但是他是新帝，皇位还未坐稳，同时考虑到鄂尔泰功劳大，此事就此搁浅。

有一句俗语：如果不能把老虎打死，必然会被老虎吃掉。张照就是生动的事例。不久，张照黑色的日子到来，他治理下的贵州，苗民又叛乱了。张照派军队去打仗，自己为什么不去呢？他怕死啊。结果，张照的清军被打得哭天喊地、跪地求饶。乾隆皇帝十分气愤，即刻召回张照。鄂尔泰见机会来了，马上推荐张广泗去贵州平叛，张广泗文治武功都一流，又在贵州当过巡抚，懂得苗民的生活习惯，是最佳人选。乾隆皇帝便恩准了。

张照回京后，乾隆皇帝马上下旨将他抓捕入狱。

这是张、鄂两党首次交锋，鄂党取胜。

乾隆皇帝也看到了张、鄂两派之争。在朝堂之上，鄂尔泰建议以失职罪处死张照。张廷玉当然想救张照，但是要救他，手里也要有合适的牌可打。张廷玉经过反复思考，唯一可以救张照的牌就是置之死地而后生。

张廷玉向皇上上了一道折子，说张照妖言惑众，诬陷朝中大臣，理应处死。张廷玉这一招完全打乱了乾隆皇帝的计划，本来他想张廷玉一定会求情，现在他却要严肃处理张照。这说明张廷玉心里只有社稷，杀了张照事小，只是张党少了张照，鄂、张两派之间的力量就会失去平衡，鄂党要占据上风，这样对皇上不利。只有下面两派权力平衡，才能较好地统治这个帝国。

后来，张廷玉见鄂尔泰势力大，他又不喜欢党争，便主动提出辞职。乾隆皇帝当然不会同意，心想这张廷玉一走，权力将严重失衡，绝对不能让他走。

乾隆皇帝为了给张廷玉面子，主动提出释放张照，并官复原职，仍然做刑部尚书。

鄂尔泰身死

鄂党主要骨干仲永檀是山西监察御史，他见张廷玉那边的张照没有倒掉，并不意外，因为主帅张廷玉还在，张主帅必然要千方百计地营救。仲御史想法非常天真，要么不进攻，要进攻就是最大的目标。所谓擒贼先擒王，要扫荡张党，最好的办法便是把张廷玉拿下，就是将张党连根拔起。

张廷玉平时做事万分小心，要将张廷玉扳倒谈何容易。仲御史经过多方调查，终于抓到了张廷玉的把柄。

那是乾隆六年（1741 年）的春天，京城富翁俞君弼是石匠包头，传说他曾送给鄂善一万两银子。俞君弼死后，女婿许秉义为了得到岳父俞君弼的巨额遗产，设法巴结权贵，以求找到靠山。

俞富翁的丧事办得隆重，仲永檀御史发现不少重量级人物出场，文华殿大学士兼礼部尚书赵国麟派人送帖子给许秉义，同时也发现张廷玉也派人送了帖子给许秉义。仲永檀兴奋极了，这么多年下来，从来没有

抓住过张廷玉的小辫子，现在终于发现了，能抓住张廷玉这只老狐狸的把柄，真是祖宗保佑。

仲永檀在奏折中提出两个尖锐的问题，一是一个不起眼的石匠为什么会有那么多银子？二是朝中大臣张廷玉为什么要去吊丧？

张党见势不妙，为改变不利局面，便派出张廷玉的学生吴士功向鄂党发动进攻，弹劾湖广总督、鄂党的主力史贻直五大罪状。

这下子，乾隆皇帝头大了，他厌倦两党争来斗去的局面，希望双方早点儿平息争斗。乾隆皇帝故意将吴士功的折子压下来。但是有一件奇怪的事情发生了，乾隆皇帝即便压下了折子，大臣们仍旧议论纷纷，断定史贻直必然被斩首，是死有余辜。

鄂党立即向乾隆皇帝举报，皇上压下折子，但是朝野广泛议论，说明有人将此事泄露了出去，泄密之人在皇上身边，而且官职很大，与举报人有千丝万缕的关系。众人含沙射影地将矛头指向张廷玉。

乾隆皇帝深知这两个案件不妥善处理，便将引起朝政不稳。乾隆皇帝派出和亲王弘昼、怡亲王弘晓、鄂尔泰、张廷玉等人首先一起会审鄂善受贿案。

鄂善不是鄂党，也不是张党，但是他收受银子属实，不是一万两，而是三千两。于是，乾隆皇帝赐他在狱中自尽。虽然张廷玉没有收受贿赂，但是派人去了帖子，造成了不良影响，虽不是犯罪，却影响恶劣，不过平安过关。

接下来，张廷玉的学生吴士功状告仲永檀诬陷朝中重臣，理应从重判罚。

正当张派之人要看好戏时，乾隆皇帝做出惊人决定，不但没有法办仲永檀，反而升任他为左副都御史。

这下，真正的好戏开锣了！

张照被释放出来后，仍然担任刑部尚书。张照气量小，这段时间在监牢里尝尽了苦头，对鄂尔泰可以说是恨之入骨。

张照虽然打仗不行，但是查案还是一流的。当他得知仲永檀诬陷张廷玉故意泄露国家机密，这让张照非常愤懑。张廷玉恩师不是这种人，而且他与张老师对接过，张老师绝对不会泄密的。

泄密绝不是儿戏，搞不好是要丢脑袋的。张廷玉心情十分郁闷，自己为官数十载，看到的机密太多了，可却从未泄露半个字。

既然此事已公开，乾隆皇帝即便想睁一只眼闭一只眼地袒护史贻直，也已经办不到了。

张照要查出谁是泄密者，真是大海里捞针，这么多人知道这档事，而且泄密者不会主动来认账，去哪里找啊？

面对如此艰巨的任务，张照并不气馁。他首先从张党内部查起，发现真的没人泄密。那只剩下皇上和仲永檀及身边的人。皇上当然可以排除。而仲永檀及身边人的泄密证据，确实难找啊。仲御史及身边的人又不是傻子，不会主动向刑部尚书投案自首。

张照此刻才知道仅凭一腔热血办事是不行的，必须要动脑筋。当然张照这方面的鬼点子还是有的，他将目光锁在了仲御史家的管家身上。张照获悉此人经常去青楼找小姐。

那天，张尚书知道仲管家进了青楼，便命令手下将仲管家擒拿，并将他的内衣、外衣都脱了下来。张照做事真绝！仲管家开始嘴巴还硬，不愿供出仲御史的坏事，但是不交代，赤身裸体的他也没法出门。如果出了门，仲御史的脸便丢尽了，不会饶过他。当然交代了事情，仲御史也不会放他一马。两项选择都要得罪仲御史，最后仲管家朝南一拜说，老爷，小的也没办法了。就这样，赤裸着身体的仲管家将事情明明白白地交代清楚了。

原来这位泄密者并不是别人，正是仲永檀御史，好家伙，真是贼喊捉贼。仲永檀将上奏的疏稿故意泄露给鄂尔泰的儿子鄂容安，然而由鄂容安透露出来。

乾隆皇帝听完张照的起奏后，极为愤怒。上次仲永檀知错了，朕也原谅他了，让他改进，想不到他胆大包天，敢“贼喊捉贼”陷害朝中大臣，便马上将他关进牢房，同时把鄂容安逐出南书房，不再侍奉皇上。

乾隆对鄂尔泰严厉斥责一顿。然而这次给鄂尔泰打击够大的，鄂尔泰闷闷不乐，于乾隆十年（1745 年）冬天，撒手归西，终年 66 岁。可

其身后待遇却非常高，死后配享太庙。

鄂尔泰死了，两党之争便渐渐地偃旗息鼓！

坚决请辞

乾隆十一年（1746年）冬天，对张廷玉来说如同晴天霹雳，他挚爱的儿子张若霭撒手归西。当时张若霭已官至礼部尚书，而且他在绘画艺术上也达到了一个新的顶峰。他的画作《岁寒三友》成为乾隆皇帝最喜欢的作品之一。张廷玉在官场可以说是要风有风，要雨有雨，但是面对儿子的突然病逝，张廷玉感觉到生命如此脆弱和无助。张若霭走完了人生短短的三十三年，便英年早逝。此时的张廷玉已经75岁，当真是白发人送黑发人。张廷玉身体也不是很好，他知道自己在这个世上所剩下的时间不多了，如果能换下儿子的命，他真想去换。

失去了宝贝儿子，张廷玉才明白死神其实离自己很近。他的性格大变，以前谨小慎微，现在胆子特大，也不避嫌自己是朋党魁首。鄂尔泰死后，他权倾朝野，前来投奔至其门下的官员比蚂蚁还多，想赶都赶不跑。

张廷玉在官场纵横几十年，虽然按规矩办事，但是因为他的关系，私底下办一些于情于理的事情也蛮多的。乾隆皇帝也知道这些，不过国家这么大，出点儿越轨的小事也属正常。

乾隆皇帝是位能干的皇帝，他决定任命一位满族官员来压制张廷玉，此人就是讷亲。讷亲的政治背景够硬，他的爷爷遏必隆是大清名臣，他的两个姑妈都是康熙皇帝的老婆，其中一位是孝昭皇后，因此年仅三十余岁，便已被任命为军机大臣。

张廷玉想讷亲只是一个毛头小伙儿，仅靠亲戚关系不断升官，他没有功绩，也没有显赫功绩，能力更没法与自己相比，即便是自己的官龄也比他的年龄大一轮。

然而让张廷玉意料之外的事情发生了，讷亲被任命为首席军机大臣，官职尚排在自己前面。张廷玉感觉非常委屈，老子辛辛苦苦、勤勤恳恳替大清卖命大半辈子，现在却让一个毛头小伙儿在自己面前指手画脚。

张廷玉想来想去想不通啊！想不通，怎么办？张廷玉使起了小孩子脾气，向乾隆皇帝写了一份辞呈。

乾隆皇帝当然没有答应，但也没有反对，就当没收到辞呈一样。这把张廷玉急得不行。张廷玉此刻心想，在这里受小年轻儿的气，还不如早点儿回桐城老家。

在张廷玉的再三请辞下，乾隆皇帝做出了一个让张廷玉万万也没有料到的决定，既批准他的辞呈却又不让他回老家。也就是说，同意他辞去军机大臣之职，不用在军机处上班，但其他职务保留，不准回老家。从此，张廷玉远离了大清的军事权力中心。

过了几天，张廷玉上朝，又提出想要辞官回老家桐城。可是，张廷玉的一句话却惹怒了乾隆皇帝。

张廷玉说："明朝时是允许配享太庙的大臣回家终老的，例如朱元璋就曾允准刘伯温归田园终老。"

乾隆皇帝当然知道这段历史，刘伯温归老田园，那是朱元璋加害于他。乾隆皇帝心想是不是这个张廷玉大权旁落后，没有人依附他，心中愤懑，便把朕比作那薄情寡义的朱元璋，担心自己对他下黑手，实在可恶！

乾隆皇帝一针见血地说："真正的忠君爱国的臣子，不论在什么情况下，都会从一而终！"

张廷玉听罢，跪在地上，像个小孩一样，取下顶戴，忍不住哭泣起来。

望着张廷玉那满眼的老泪，乾隆皇帝非常满意，心想这次对张廷玉的教育到位了，他应该知错了，会死心塌地跟朕做事的。

雍正皇帝虽然阴狠善谋，脾气也蛮横暴躁，但却与张廷玉正好互补，君臣关系很好。乾隆皇帝虽然聪明，但是与张廷玉却格格不入。乾隆皇帝虽然知道满族大臣有不少毛病，有的心狠手辣，但却认为汉臣心眼儿多，居心叵测，凡事太过于算计。乾隆皇帝在骨子里也是排

斥汉臣的。

张廷玉在官场干了五十年，已经腻烦了，他想辞官，但是上次被乾隆皇帝拒绝后，他也在等一个合适的时机再提辞官一事。

可接下来的时间，张廷玉根本没有机会了，因为乾隆皇帝的老婆孝贤皇后富察氏病重，乾隆皇帝经常过去照顾，那时的乾隆皇帝非常难过，根本没有心情打理朝政，更甭提张廷玉的请辞之事。

后来，孝贤皇后在乾隆皇帝的眼皮子底下病逝，这让他痛苦万分，他可以掌控天下，但却不能挽救自己心爱的皇后。乾隆皇帝很沮丧，脾气变得暴戾阴狠，一不合心意，就要杀人。比如，在皇后去世一个多月后，翰林院编的皇后册文，满文的意思是“皇妣”，却被翻译成汉文“前太后”。乾隆皇帝对此火冒三丈，怒气冲冲地下旨：将兼管翰林院的刑部尚书阿克敦收监候审，拟定秋后问斩。

这个消息传出，朝野震惊，皇后确实已死，写了“前太后”也没有失误，只是在乾隆皇帝心目中，她还没有死。这真是歪理啊！

乾隆皇帝对众臣的态度发生了根本转变，最初他秉持以礼相待，现在则把众多大臣当成家奴使唤，动辄痛骂训斥，肆意折辱。

如此形势下，张廷玉虽然要辞官，但是打死他也不会主动提出。不提出辞官，乾隆皇帝会让他致仕吗？在张廷玉的法典中，行。张廷玉想，不用自己提出辞官，乾隆皇帝也会乖乖地让自己致仕的。

张廷玉有什么神机妙算呢？其实很简单，当张廷玉变成不是本人时，他的目的也就差不多达到了。

那天，张廷玉上朝，走路颤颤巍巍，嘴巴空荡荡，明显是牙齿光荣下岗了（假牙摘下来），身体大不如从前，分明是一个风烛残年的老人。

乾隆皇帝问：“张爱卿，今年多大岁数了？”

张廷玉竖起耳朵问：“皇上，您说什么啊？”

众臣捂住嘴巴在笑，乾隆皇帝也忍不住笑了，说：“张爱卿多大岁数了？”

“皇上，微臣进京为官五十载了。”

小德子机灵，跑过来在张廷玉耳边说：“皇上问你多大岁数了？”

张廷玉说：“回皇上，微臣今年八十岁了。”

乾隆皇帝见张廷玉思维反应迟疑，前言不搭后语……以前在乾隆皇帝心中那个才华横溢、思路敏捷、足智多谋的张廷玉，现在变成这个样子，让他上朝工作也没有多少油水可榨，放他归隐家园，于朝廷、于自己名声都有好处。

因此，乾隆皇帝特准张廷玉荣归故里，享田园之趣，于明年开春上路。

乾隆皇帝还用抒情的笔调展望了十年后的君臣情义，“朕五十大寿的时候，大学士就快九十了，一叶扁舟从天边来，张爱卿就像南极翁手执拂尘觐见。”

姜毕竟还是老的辣，张廷玉巧施妙招，终于可以安稳地归隐家园了！

身犯大忌

在清朝官场上，权力新贵讷梓这颗新星好景不长，就如“流星”一样谢幕了。接下来，史贻直闪亮登场。史贻直与张廷玉为同年进士，他前期仕途不顺，攀附在鄂尔泰门下，现在他成为新党的领导人。

自从乾隆皇帝同意张廷玉配享太庙并辞官荣归故里后，史贻直便多次在朝野扬言，说张廷玉的政绩没法与鄂尔泰相媲美，根本没有资格配享太庙。

史贻直鼓动皇上取消张廷玉配享太庙资格。张廷玉的情报系统还是很强大的，他迅速获知信息。张廷玉开始还能忍住，但是史贻直说到张廷玉还归山林终老，怎么还能来配享太庙，此话正说到张廷玉的要害上。从封建迷信角度说，你在山林中怎么能到城市来享受待遇。一旦皇上相信此话，张廷玉不是比窦娥还冤？配享太庙是臣子的最高荣誉，是张廷玉含辛茹苦工作五十年取得了。你这小人用谗言蛊惑，说不准皇上哪天不开心了，真的信了可怎么办？张廷玉思前想后，最直接的办法是进宫面君，让皇上明确下旨，这样就可以像拿到一张保证书一样安心。

隆冬的北京寒冷异常，张廷玉在儿子张若澄的搀扶下，步履蹒跚地进入内廷，跪在乾隆皇帝面前，恳求皇上对他配享太庙做出明确指示。

乾隆皇帝见张廷玉来讨待遇，心里不爽，你这人的胆子也太太了，朕从来没说不准你配享太庙，而你现在的这个做法，就是分明在担心朕失信于你。乾隆皇帝平生最讨厌臣子向他谈条件，如果每位臣子都如此效仿，那他这个皇上还怎么干？

可当他看到张廷玉的那副老态龙钟的样子时，乾隆皇帝的心软了，既然恩准他还乡终老，那么送佛就送到西，免得后世笑话。乾隆皇帝当即作诗一首：“造膝陈情乞一辞，动予矜恻动予悲，先皇遗诏惟钦此，去国余思或过之。可例青田原宥庙，漫愁郑国竟摧碑，吾非尧舜谁皋契。”

这首诗有调侃张廷玉的味道，说他一大把年纪了，还厚着脸皮来讨待遇。但是乾隆皇帝还是答应了他的要求。张廷玉抚摸着诗文，激动极了，老脸如菊花一般盛开。

就这样，张廷玉终于拿到了自己死后配享太庙的保证书。死了还能侍奉逝去的皇上，张廷玉是不是犯贱了？当然不是。张廷玉死后配享太庙，只要大清皇朝还存，其子子孙孙都可以凭此增光添彩，意义很大。

第二天，张廷玉应该亲自进宫面君谢恩。可张廷玉想自己年纪大了，乾隆皇帝不会计较这等小事吧，便决定让儿子张若澄代替自己进宫面圣谢恩。

乾隆皇帝见是张若澄来谢恩，心里不舒服了，给了你张廷玉如此高的待遇，你却不亲自来谢恩，胆子也太大了。

乾隆皇帝非常生气地对军机大臣汪由敦说：“拟旨，让张廷玉‘明日回奏’。”

军机大臣汪由敦是张廷玉的门生，他看出乾隆皇帝不悦，便马上差人去张府报信。

张廷玉得知后，吓懵了，做出了一个错误的决定，当即进宫面君谢恩。

当乾隆皇帝见到张廷玉前来，却没有一丝笑容，反而非常愤怒。

这让张廷玉懵住了，不来亲自谢恩，皇上不悦；亲自来了，他又发怒。这是什么道理？乾隆皇帝开始骂人，这一骂，张廷玉才知道问题出在哪里。

乾隆臭骂道："张廷玉，你神通广大啊，朕的圣谕还没有发出来，你却提前来了，你怎么知道'明日回奏'的？"

张廷玉此刻才清醒过来，他犯了大忌，这是结党营私中的通风报信。虽然自己一直小心经营，这次却捅了大娄子。乾隆皇帝如果下手猛一点儿，那么与张家有关的臣子便都要丢官削爵或者坐大牢了。

张廷玉面对错误反而冷静下来，他赶忙向乾隆皇帝认错。这时，乾隆皇帝的怒气也消了很多，于是仅是从轻处理，削去张廷玉配享太庙的国家级荣誉，以示惩处！

死后荣宠

张廷玉牢牢记住乾隆旨意"明春回乡"，到了次年春暖花之际，张廷玉已经把家什收拾妥当，该变卖的变卖，该送人的送人，该带回老家的带回。张廷玉即将起程时，一件意外事情发生了，乾隆皇帝的长子永璜突然病逝。这下，张廷玉走不了，他是永璜的老师，两人有着师生情谊。

张廷玉参加了皇子的丧礼，又熬过了七天，也就是初祭。张廷玉归心似箭，决定向皇上递折子回老家。

乾隆皇帝收到张廷玉的折子，火冒三丈，将折子扔出去了，心想，皇长子才过了初祭，丧服未脱，你身为皇长子的老师却要南返，一点儿情分也不顾，可见你对大清皇室并非忠心耿耿。

乾隆皇帝下旨痛批张廷玉，说他对皇室毫无情义，配不上忠臣二字，还说他文治武功方面毫无建树，只是一个会写公文的秘书……

张廷玉见乾隆皇帝如此数落自己，知道这次真的犯了老糊涂，把皇上得罪了。如果他的儿子张若霭不死，他的心情也不会这样，就不会犯这种低级错误了。

正当张廷玉苦苦思考对策之时，一个坏信息传来。张家的亲家朱荃，当时的四川学政，出事了。御史储磷趾参了朱荃一本，说他与吕留良一案有关系。

乾隆皇帝正要找张廷玉的茬，就像正想睡觉时有人送来枕头，当然称心。张廷玉年纪虽大，可经验却丰富，他马上向皇上写忏悔书，要挽回局面。他说不知道朱荃是这种人，现在非常反悔，愧对皇恩，眼下酿成大错，老臣也无话可说，只求皇上将老臣惩处。张廷玉是公众人物，乾隆皇帝故意把折子交给众臣公议，以示公正。

这下子，张廷玉终于要倒了。树倒猢狲散，众臣一致认为张廷玉犯了严重错误，建议革职查处，交刑部处理。

此时，乾隆皇帝摆出一副仁君的姿态，传旨布告天下，赦免张廷玉的罪状，同时斥责张廷玉，说不能鞠躬尽瘁，只会结党营私，降旨罚张廷玉白银 15000 两，并追缴以前赏赐的各种物品。这一招够毒辣的，把他以前给皇上打工的工资和赏赐品收缴，让张廷玉一生白忙活了。

乾隆皇帝的绝招还在后来，他下旨查抄张府，派出心腹内务府大臣德保搜查。德保带了十多个大内侍卫以及一百多名兵勇，以查找遗漏皇家赏赐为名，将张府翻箱倒柜，就连地板也给掀了，可也没有找到一丝贪污受贿的钱财。德保只搜查到一些张廷玉的文章、书信、便条，这正乾隆皇帝要找的宝贝，只要上面有只言片语对皇室的不敬，张家便永世不得翻身。但是德保派人查阅了半个多月，也没有发现张廷玉对朝廷有任何不轨之心或怨怼之词。这下，乾隆皇帝放心了，认为张廷玉还是靠谱的。

乾隆皇帝见查不出来问题，便草草收场，但这却造成了不良影响，他便罚了德保两个月的俸禄，以儆效尤。德保只得背黑锅，如果没有皇上的旨意，打死他，他也不敢查抄张廷玉的府邸。

乾隆皇帝感觉对不起张廷玉，抄了张家，没收了这么多金银，让张廷玉免费打工一生，但是银两退给张廷玉又不对。乾隆皇帝有了另外的补偿办法，他立即赏赐了张廷玉之子张若澄一批金银，当然这个金银也是从张家没收来的，羊毛出在羊身上。同时升张若澄为内阁大学士，张廷玉的几个子侄也连升两级，还批准张廷玉回老家桐城安度晚年。

乾隆二十年（1755 年）春天，为官五十载的张廷玉终于走完了其精彩的一生，享年八十四岁。乾隆皇帝得知噩耗，感觉张廷玉还是不错的，只是有时跟自己较真儿罢了，当场降旨，赦免张廷玉以往的过失，配享太庙。

张廷玉低调为官，也为他的后代得到了庇护，三子张若澄官至内阁学士、礼部侍郎，小儿子张若渟给老张长脸，做到了兵部尚书……在大清朝，张家所得到的恩赐和荣耀之隆，在群臣中屈指可数。

许多年之后，风烛残年的乾隆皇帝，将要在龙榻上回顾他的一生，想到三朝重臣张廷玉，拿起毛笔用小楷写了一段话："纵观数千年的历史，奸臣、弄臣叹多，直臣、忠臣叹多。能如张廷玉这般历三朝仁君隆恩而始终稳居高位而不倒的重臣，仅一人而已！"